SIGMUND FREUD

500
FRASES
DE FREUD

(TRADUZIDO)

Edição revista e documentada
Traduções inéditas organizadas por tema

Organização e tradução editorial
DEIVEDE E. FERREIRA

2026

500 frases de Freud (Traduzido)

Edição revista e documentada — traduções inéditas organizadas por tema

Textos originais: Sigmund Freud (1856–1939).

Organização e tradução editorial: Deivede E. Ferreira.

Edição revista: 2026.

Os textos-base relacionados nas referências foram obtidos de edições em domínio público disponibilizadas pelo Project Gutenberg. Esta edição acrescenta seleção temática, tradução editorial inédita, notas de contexto e localizadores técnicos.

Os termos históricos foram preservados quando necessários à fidelidade documental. Eles não equivalem, automaticamente, à terminologia científica, clínica ou ética contemporânea.

Aviso: obra de história das ideias e referência. Não substitui diagnóstico, psicoterapia, aconselhamento médico ou formação profissional.

Dedicatória

Dedico este trabalho ao saudoso Frederico Toldo, grande mentor e amigo, que me ensinou a importância de seguir meus sonhos e me encorajou a buscar conhecimento e excelência em minha formação acadêmica. Seu exemplo de determinação e generosidade permanece uma inspiração.

Também o dedico ao querido amigo Michel Rezende, sempre presente em minha caminhada acadêmica e em momentos de dificuldade. Sua amizade e confiança foram fundamentais para minha formação pessoal e profissional.

Por fim, dedico esta obra aos professores do ISTA e da PUC Minas, que me proporcionaram conhecimento e habilidades nas áreas da filosofia e da psicanálise. Seu comprometimento em compartilhar saberes foi essencial à minha formação.

A todos, minha gratidão e admiração.

Nota editorial

Esta edição não é uma conversão do PDF anterior. O conteúdo foi reconstruído a partir de obras primárias: cada uma das 500 passagens tem obra, ano, edição-fonte, seção e localizador técnico identificados.

Foram eliminadas frases sem fonte verificável, atribuições genéricas, datas incompatíveis com a história dos conceitos, a falsa metáfora do iceberg e referências bibliográficas defeituosas. O resultado é uma antologia documental, e não uma coleção de frases de efeito atribuídas a Freud pela internet.

As traduções foram preparadas para esta edição a partir dos textos-base listados nas referências. Nas obras alemãs, partiu-se do original; nas demais, das edições históricas em inglês identificadas em cada fonte. "Eu", "isso", "supereu", "pulsão", "repressão" e "pré-consciente" formam o padrão terminológico adotado.

Uma frase isolada não substitui a obra. Os localizadores permitem que o leitor recupere o contexto, confronte o texto-base e forme seu próprio juízo.

Sumário

Introdução

A influência de Sigmund Freud atravessa a psicologia, a medicina, a filosofia, a literatura e as artes. Essa circulação, porém, produziu um efeito colateral: milhares de máximas foram simplificadas, parafraseadas ou inventadas e depois repetidas sob seu nome.

Este livro propõe outro caminho. Em vez de oferecer fórmulas sem origem, reúne 500 excertos autênticos, organizados por tema e acompanhados de rastreabilidade. A numeração contínua mantém a proposta de consulta rápida; as notas de abertura dos capítulos devolvem parte do contexto histórico e alertam para mudanças de vocabulário e conhecimento.

Freud escreveu durante mais de quatro décadas. Seus conceitos mudaram. Um texto de 1900 não pode receber, sem erro, a linguagem estrutural formulada nos anos 1920; uma hipótese clínica de 1895 não deve ser apresentada como recomendação atual. Por isso, as datas aqui pertencem às obras de origem, e não a rótulos aproximativos.

O leitor encontrará ideias decisivas, formulações provisórias, observações clínicas, especulações antropológicas e termos hoje superados. A fidelidade documental não exige concordância. Exige saber o que foi escrito, onde, quando e em qual horizonte intelectual.

CAPÍTULO 1

Sexualidade

Freud ampliou o campo da sexualidade para além do ato genital e investigou suas fontes, seus alvos e seus destinos psíquicos. Os termos "normal", "inversão" e "perversão" aparecem aqui em sentido histórico e não equivalem às classificações clínicas atuais.

FRASE 001

São de especial interesse os casos em que a libido se modifica e assume o caráter de inversão após uma experiência dolorosa com o objeto sexual considerado normal.

— Sigmund Freud, *Três ensaios sobre a teoria da sexualidade* (1905).
PG 14969, seção "1. Deviation In Reference To The Sexual Object", parágrafo técnico 27, frase 4.

FRASE 002

A união dos genitais no ato característico da cópula é tomada como o alvo sexual normal.

— Sigmund Freud, *Três ensaios sobre a teoria da sexualidade* (1905).
PG 14969, seção "2. Deviation In Reference To The Sexual Aim", parágrafo técnico 61, frase 1.

FRASE 003

Ela serve para aliviar a tensão sexual e aplacar temporariamente o desejo sexual — uma gratificação análoga à satisfação da fome.

— Sigmund Freud, *Três ensaios sobre a teoria da sexualidade* (1905).
PG 14969, seção "2. Deviation In Reference To The Sexual Aim", parágrafo técnico 61, frase 2.

FRASE 004

Ou a enfermidade surge mais tarde, porque a libido não consegue alcançar a gratificação sexual normal.

— Sigmund Freud, *Três ensaios sobre a teoria da sexualidade* (1905).
PG 14969, seção "Explanation Of The Manifest Preponderance Of Sexual Perversions In The Psychoneuroses", parágrafo técnico 115, frase 7.

FRASE 005

As atividades sexuais dessa zona erógena, pertencente aos genitais propriamente ditos, constituem o início da vida sexual normal posterior.

— Sigmund Freud, *Três ensaios sobre a teoria da sexualidade* (1905).

PG 14969, seção "The Masturbatic Sexual Manifestations[13]", parágrafo técnico 181, frase 3.

FRASE 006

Ela passa então a dominar uma fase da vida sexual que mais adiante descreveremos como organização pré-genital.

— Sigmund Freud, *Três ensaios sobre a teoria da sexualidade* (1905).

PG 14969, seção "The Masturbatic Sexual Manifestations[13]", parágrafo técnico 188, frase 4.

FRASE 007

A pulsão de saber não pode ser acrescentada aos componentes elementares das pulsões, nem inteiramente subordinada à sexualidade.

— Sigmund Freud, *Três ensaios sobre a teoria da sexualidade* (1905).

PG 14969, seção "The Infantile Sexual Investigation", parágrafo técnico 190, frase 2.

FRASE 008

A suposição de que todas as pessoas possuem o mesmo genital — o masculino — é a primeira das notáveis e consequentes teorias sexuais infantis.

— Sigmund Freud, *Três ensaios sobre a teoria da sexualidade* (1905).

PG 14969, seção "The Infantile Sexual Investigation", parágrafo técnico 193, frase 1.

FRASE 009

O desejo de associar as viagens de trem à sexualidade parece provir do caráter prazeroso da sensação de movimento.

— Sigmund Freud, *Três ensaios sobre a teoria da sexualidade* (1905).

PG 14969, seção "The Sources Of The Infantile Sexuality", parágrafo técnico 209, frase 6.

FRASE 010

A tensão produzida pela excitação sexual é acompanhada de prazer em toda parte; até nas mudanças preparatórias dos genitais há uma nítida sensação de satisfação.

— Sigmund Freud, *Três ensaios sobre a teoria da sexualidade* (1905).
PG 14969, seção "The Primacy Of The Genital Zones And The Fore-Pleasure", parágrafo técnico 250, frase 5.

FRASE 011

Quanto às manifestações sexuais autoeróticas e masturbatórias, pode-se afirmar que a sexualidade da menina tem um caráter inteiramente masculino.

— Sigmund Freud, *Três ensaios sobre a teoria da sexualidade* (1905).
PG 14969, seção "Differentiation Between Man And Woman", parágrafo técnico 267, frase 5.

FRASE 012

Mais tarde, a pulsão sexual torna-se regularmente autoerótica, e somente depois de vencido o período de latência retoma-se a relação original.

— Sigmund Freud, *Três ensaios sobre a teoria da sexualidade* (1905).
PG 14969, seção "The Object-Finding", parágrafo técnico 272, frase 4.

FRASE 013

Mas, como sabemos, a pulsão sexual não é despertada apenas pela excitação das zonas genitais.

— Sigmund Freud, *Três ensaios sobre a teoria da sexualidade* (1905).
PG 14969, seção "The Object-Finding", parágrafo técnico 273, frase 6.

FRASE 014

Quando o menino dirige pela primeira vez sua curiosidade ao enigma da vida sexual, predomina nele o interesse pelos próprios genitais.

— Sigmund Freud, *Uma lembrança de infância de Leonardo da Vinci* (1910).
PG 34300, seção "Iii", parágrafo técnico 59, frase 3.

FRASE 015

Quanto mais nos ocupamos da solução dos sonhos, mais dispostos ficamos a reconhecer que a maioria dos sonhos de adultos trata de material sexual e expressa desejos eróticos.

— Sigmund Freud, *A interpretação dos sonhos* (1900).

PG 66048, seção "V The Material And Sources Of Dreams", parágrafo técnico 604, frase 2.

FRASE 016

Naqueles primeiros anos, ele ardia de curiosidade por ver um genital feminino e ainda tendia a aderir à teoria sexual infantil que atribui à mulher um genital masculino.

— Sigmund Freud, *A interpretação dos sonhos* (1900).

PG 66048, seção "The Fair One.", parágrafo técnico 777, frase 8.

FRASE 017

Este último, contudo, pôde ser reconduzido, por meio da repressão, a um desejo obscuro e manifestamente sexual, que encontrara expressão satisfatória no conteúdo visual do sonho.

— Sigmund Freud, *A interpretação dos sonhos* (1900).

PG 66048, seção "Vii The Psychology Of The Dream Activities", parágrafo técnico 1087, frase 13.

FRASE 018

Do mesmo modo, quando o estímulo é o desejo sexual, o sonho proporciona satisfação, mas de uma espécie que apresenta peculiaridades dignas de nota.

— Sigmund Freud, *Conferências introdutórias à psicanálise* (1916–1917).

PG 75810, seção "Eighth Lecture Children's Dreams", parágrafo técnico 259, frase 1.

FRASE 019

Refiro-me ao que pertence à vida sexual: os genitais, os processos sexuais e o ato sexual.

— Sigmund Freud, *Conferências introdutórias à psicanálise* (1916–1917).

PG 75810, seção "Tenth Lecture Symbolism In Dreams", parágrafo técnico 300, frase 2.

FRASE 020

Entre esses desejos proibidos, devem ainda receber especial destaque os desejos incestuosos, isto é, os dirigidos à relação sexual com pais, irmãos ou irmãs.

— Sigmund Freud, *Conferências introdutórias à psicanálise* (1916–1917).

PG 75810, seção "Thirteenth Lecture Archaic And Infantile Features In Dreams", parágrafo técnico 443, frase 1.

FRASE 021

A paciente chegara àquele período crítico da vida que traz à mulher um aumento súbito e indesejado do desejo sexual; isso, por si só, talvez tivesse bastado.

— Sigmund Freud, *Conferências introdutórias à psicanálise* (1916–1917).

PG 75810, seção "Sixteenth Lecture Psycho-Analysis And Psychiatry", parágrafo técnico 509, frase 6.

FRASE 022

A análise nos conduzia sempre às experiências e aos desejos sexuais da paciente, e sempre tínhamos de afirmar que o sintoma servia ao mesmo propósito.

— Sigmund Freud, *Conferências introdutórias à psicanálise* (1916–1917).

PG 75810, seção "Nineteenth Lecture Resistance And Repression", parágrafo técnico 577, frase 4.

FRASE 023

À frente do segundo grupo estão aqueles chamados perversos cujos desejos sexuais visam a um ato que normalmente é apenas introdutório ou preparatório.

— Sigmund Freud, *Conferências introdutórias à psicanálise* (1916–1917).

PG 75810, seção "Twentieth Lecture The Sexual Life Of Man", parágrafo técnico 586, frase 1.

FRASE 024

Vocês responderão que o caráter sexual se acrescenta quando os genitais passam a participar: sexualidade significaria simplesmente genitalidade.

— Sigmund Freud, *Conferências introdutórias à psicanálise* (1916–1917).

PG 75810, seção "Twenty-First Lecture Development Of The Libido And Sexual Organizations", parágrafo técnico 616, frase 7.

FRASE 025

Das duas espécies de regressão da libido, a que retorna a uma fase anterior da organização sexual é, de longe, a mais impressionante.

— Sigmund Freud, *Conferências introdutórias à psicanálise* (1916–1917).

PG 75810, seção "Twenty-Second Lecture Aspects Of Development And Regression. Ætiology", parágrafo técnico 644, frase 8.

FRASE 026

Atentemos agora para o fato de que a investigação analítica mostra a libido dos neuróticos ligada às suas experiências sexuais infantis.

— Sigmund Freud, *Conferências introdutórias à psicanálise* (1916–1917).

PG 75810, seção "Twenty-Third Lecture The Paths Of Symptom-Formation", parágrafo técnico 674, frase 1.

FRASE 027

Como a angústia se desenvolve a partir do desejo sexual permanece obscuro; só podemos constatar que o desejo falta e que a angústia aparece em seu lugar.

— Sigmund Freud, *Conferências introdutórias à psicanálise* (1916–1917).

PG 75810, seção "Twenty-Fifth Lecture Anxiety", parágrafo técnico 735, frase 5.

FRASE 028

O nome libido, porém, permanece propriamente reservado às forças pulsionais da vida sexual, como o empregamos até aqui.

— Sigmund Freud, *Conferências introdutórias à psicanálise* (1916–1917).

PG 75810, seção "Twenty-Sixth Lecture The Theory Of The Libido: Narcissism", parágrafo técnico 753, frase 2.

FRASE 029

Assim, o autoerotismo apareceu como a atividade sexual da fase narcísica de orientação da libido.

— Sigmund Freud, *Conferências introdutórias à psicanálise* (1916–1917).

PG 75810, seção "Twenty-Sixth Lecture The Theory Of The Libido: Narcissism", parágrafo técnico 759, frase 4.

FRASE 030

Se a isso se acrescenta um altruísmo dirigido ao objeto e derivado do egoísmo do amante, o objeto sexual torna-se supremo: ele engoliu inteiramente o eu.

— Sigmund Freud, *Conferências introdutórias à psicanálise* (1916–1917).

PG 75810, seção "Twenty-Sixth Lecture The Theory Of The Libido: Narcissism", parágrafo técnico 762, frase 11.

CAPÍTULO 2

Sonhos

Nos textos sobre os sonhos, a realização de desejo, a censura, os restos diurnos e o trabalho do sonho formam um método de investigação do funcionamento psíquico. As passagens deste capítulo distinguem sonho, devaneio e delírio sem converter o sonhar em doença.

FRASE 031

Sonho e delírio brotam da mesma fonte, o reprimido; o sonho é, por assim dizer, o delírio fisiológico da pessoa normal.

— Sigmund Freud, *Delírios e sonhos na Gradiva de Jensen* (1907).
PG 44917, seção "Ii", parágrafo técnico 292, frase 6.

FRASE 032

Esse caráter distingue o verdadeiro sonho durante o sono do devaneio, que jamais é confundido com a realidade.

— Sigmund Freud, *A interpretação dos sonhos* (1900).
PG 66048, seção "I The Scientific Literature On The Problems Of The Dream[D]", parágrafo técnico 130, frase 4.

FRASE 033

Nessas teorias, pergunta-se se é possível derivar inteiramente das condições do sono as diferenças entre o sonho e o pensamento de vigília.

— Sigmund Freud, *A interpretação dos sonhos* (1900).
PG 66048, seção "I The Scientific Literature On The Problems Of The Dream[D]", parágrafo técnico 196, frase 4.

FRASE 034

Restariam apenas duas reações convenientes — dormir sem sonhar ou despertar diante de estímulos perturbadores — em vez da terceira, sonhar.

— Sigmund Freud, *A interpretação dos sonhos* (1900).
PG 66048, seção "I The Scientific Literature On The Problems Of The Dream[D]", parágrafo técnico 196, frase 6.

FRASE 035

Como mostraram os exemplos da terceira seção, há sonhos que são realizações de desejo sem disfarce.

— Sigmund Freud, *A interpretação dos sonhos* (1900).

PG 66048, seção "Iv Distortion In Dreams", parágrafo técnico 334, frase 2.

FRASE 036

É evidente que tais pessoas podem ter sonhos de desejo contrários e sonhos desagradáveis que, para elas, não passam de realizações de desejo, pois satisfazem suas inclinações masoquistas.

— Sigmund Freud, *A interpretação dos sonhos* (1900).

PG 66048, seção "Iv Distortion In Dreams", parágrafo técnico 364, frase 4.

FRASE 037

Mas como imaginar, então, a condição psíquica durante o sono que precede o sonhar?

— Sigmund Freud, *A interpretação dos sonhos* (1900).

PG 66048, seção "Vi The Dream-Work", parágrafo técnico 665, frase 1.

FRASE 038

Por ora, podemos dizer que, em favor da realização de desejo, o processo mental do sono foi transformado em sonho.

— Sigmund Freud, *A interpretação dos sonhos* (1900).

PG 66048, seção "Vii The Psychology Of The Dream Activities", parágrafo técnico 1013, frase 5.

FRASE 039

Todas essas considerações são justas e nos obrigam a examinar mais profundamente o papel da realização de desejo no sonho e o significado dos pensamentos de vigília que prosseguem durante o sono.

— Sigmund Freud, *A interpretação dos sonhos* (1900).

PG 66048, seção "Vii The Psychology Of The Dream Activities", parágrafo técnico 1046, frase 1.

FRASE 040

Foi, de fato, a realização de desejo que já nos levou a separar os sonhos em dois grupos.

— Sigmund Freud, *A interpretação dos sonhos* (1900).

PG 66048, seção "Vii The Psychology Of The Dream Activities", parágrafo técnico 1047, frase 1.

FRASE 041

Encontramos sonhos que eram claramente realizações de desejo e outros nos quais a realização não podia ser reconhecida, pois era frequentemente ocultada por todos os meios disponíveis.

— Sigmund Freud, *A interpretação dos sonhos* (1900).

PG 66048, seção "Vii The Psychology Of The Dream Activities", parágrafo técnico 1047, frase 2.

FRASE 042

Nos sonhos que contêm vários desejos fortes, podemos separar com facilidade as esferas de cada realização; até as lacunas do sonho podem muitas vezes ser explicadas como zonas de fronteira.

— Sigmund Freud, *A interpretação dos sonhos* (1900).

PG 66048, seção "Vii The Psychology Of The Dream Activities", parágrafo técnico 1058, frase 7.

FRASE 043

Mas esse desejo de continuar dormindo também deve participar da formação de todos os outros sonhos capazes de perturbar, apenas por dentro, o estado de sono.

— Sigmund Freud, *A interpretação dos sonhos* (1900).

PG 66048, seção "Vii The Psychology Of The Dream Activities", parágrafo técnico 1070, frase 10.

FRASE 044

A essa objeção podemos responder que há pessoas plenamente conscientes de que dormem e sonham e que parecem dotadas da faculdade consciente de orientar sua vida onírica.

— Sigmund Freud, *A interpretação dos sonhos* (1900).

PG 66048, seção "Vii The Psychology Of The Dream Activities", parágrafo técnico 1070, frase 14.

FRASE 045

Os sonhos são frequentemente sem sentido, confusos e absurdos; contudo, alguns são sensatos, sóbrios e razoáveis.

— Sigmund Freud, *Conferências introdutórias à psicanálise* (1916–1917).

PG 75810, seção "Fifth Lecture Difficulties And Preliminary Approach To The Subject", parágrafo técnico 174, frase 2.

FRASE 046

Os próprios sonhos, porém, não têm culpa desse conteúdo desagradável; vocês certamente não esqueceram que sua função inofensiva — e até útil — é proteger o sono contra perturbações.

— Sigmund Freud, *Conferências introdutórias à psicanálise* (1916–1917).

PG 75810, seção "Ninth Lecture The Dream-Censorship", parágrafo técnico 279, frase 5.

FRASE 047

Os sonhos que chegam com um ruído forte pouco antes do despertar tentaram encobrir o estímulo ao despertar mediante outra explicação e, assim, prolongar o sono por mais um pouco.

— Sigmund Freud, *Sobre os sonhos* (1901).

PG 75333, seção "Xi.", parágrafo técnico 138, frase 15.

FRASE 048

A única contribuição valiosa da ciência exata ao nosso conhecimento dos sonhos diz respeito à influência, sobre o conteúdo onírico, dos estímulos físicos que atuam durante o sono.

— Sigmund Freud, *Conferências introdutórias à psicanálise* (1916–1917).

PG 75810, seção "Fifth Lecture Difficulties And Preliminary Approach To The Subject", parágrafo técnico 154, frase 3.

FRASE 049

Pois bem: a primeira característica comum a todos os sonhos seria estarmos dormindo quando eles ocorrem.

— Sigmund Freud, *Conferências introdutórias à psicanálise* (1916–1917).

PG 75810, seção "Fifth Lecture Difficulties And Preliminary Approach To The Subject", parágrafo técnico 156, frase 1.

FRASE 050

Os sonhos são, portanto, o modo de reação da mente aos estímulos que atuam sobre ela durante o sono.

— Sigmund Freud, *Conferências introdutórias à psicanálise* (1916–1917).

PG 75810, seção "Fifth Lecture Difficulties And Preliminary Approach To The Subject", parágrafo técnico 159, frase 4.

FRASE 051

Podemos agora procurar, em diferentes sonhos, quais estímulos tentam perturbar o sono e provocam uma reação que assume a forma de sonho.

— Sigmund Freud, *Conferências introdutórias à psicanálise* (1916–1917).

PG 75810, seção "Fifth Lecture Difficulties And Preliminary Approach To The Subject", parágrafo técnico 159, frase 6.

FRASE 052

Da relação entre os sonhos e o sono concluímos que os sonhos são a reação a um estímulo que perturba o sono.

— Sigmund Freud, *Conferências introdutórias à psicanálise* (1916–1917).

PG 75810, seção "Fifth Lecture Difficulties And Preliminary Approach To The Subject", parágrafo técnico 163, frase 2.

FRASE 053

Quantas vezes causas de estímulo como essa não provocarão sonhos sem que, depois, o adormecido jamais saiba disso?

— Sigmund Freud, *Conferências introdutórias à psicanálise* (1916–1917).

PG 75810, seção "Fifth Lecture Difficulties And Preliminary Approach To The Subject", parágrafo técnico 169, frase 7.

FRASE 054

Por outro lado, há uma relação clara entre o estado hipnótico e o sono, condição essencial do sonhar.

— Sigmund Freud, *Conferências introdutórias à psicanálise* (1916–1917).

PG 75810, seção "Sixth Lecture Preliminary Hypotheses And Technique Of Interpretation", parágrafo técnico 187, frase 7.

FRASE 055

Assim, encontramos na linguagem um indício de que a realização de desejo é uma característica principal dos sonhos.

— Sigmund Freud, *Conferências introdutórias à psicanálise* (1916–1917).

PG 75810, seção "Eighth Lecture Children's Dreams", parágrafo técnico 252, frase 4.

FRASE 056

Os sonhos são o meio de eliminar, por satisfação alucinatória, os estímulos mentais que perturbam o sono.

— Sigmund Freud, *Conferências introdutórias à psicanálise* (1916–1917).

PG 75810, seção "Ninth Lecture The Dream-Censorship", parágrafo técnico 263, frase 2.

FRASE 057

Aprendemos com os sonhos infantis que o trabalho do sonho procura eliminar, mediante a realização de algum desejo, um estímulo mental que perturba o sono.

— Sigmund Freud, *Conferências introdutórias à psicanálise* (1916–1917).

PG 75810, seção "Fourteenth Lecture Wish-Fulfilment", parágrafo técnico 449, frase 3.

FRASE 058

Ainda assim, às vezes conseguimos continuar dormindo mesmo quando nossos sonhos começam a causar inquietação e a se transformar em angústia.

— Sigmund Freud, *Conferências introdutórias à psicanálise* (1916–1917).

PG 75810, seção "Fourteenth Lecture Wish-Fulfilment", parágrafo técnico 455, frase 6.

FRASE 059

Já demonstramos que essa afirmação se baseia numa confusão entre os sonhos e os pensamentos oníricos latentes e ignora o processo do trabalho do sonho.

— Sigmund Freud, *Conferências introdutórias à psicanálise* (1916–1917).

PG 75810, seção "Fifteenth Lecture Doubtful Points And Critical Observations", parágrafo técnico 489, frase 6.

FRASE 060

Tampouco sonhar é um fenômeno patológico: toda pessoa saudável pode sonhar enquanto dorme.

— Sigmund Freud, *Conferências introdutórias à psicanálise* (1916–1917).

PG 75810, seção "Nineteenth Lecture Resistance And Repression", parágrafo técnico 574, frase 6.

CAPÍTULO 3

Inconsciente

O inconsciente freudiano não é apenas aquilo de que não temos notícia: é um sistema com processos, resistências e efeitos próprios. A tradução adota "pré-consciente", "repressão" e "eu" como termos editoriais consistentes.

FRASE 061

A psicanálise, que ilumina as profundezas da vida psíquica, mostra sem dificuldade que os vínculos sexuais dos primeiros anos da infância também persistem, embora reprimidos e inconscientes.

— Sigmund Freud, *Psicologia das massas e análise do eu* (1921).

PG 35877, seção "Postscript", parágrafo técnico 162, frase 3.

FRASE 062

É preciso evitar com igual cuidado duas fontes de erro: a Cila de subestimar a importância do inconsciente reprimido e a Caríbdis de julgar o normal inteiramente pelos padrões do patológico.

— Sigmund Freud, *Psicologia das massas e análise do eu* (1921).

PG 35877, seção "Postscript", parágrafo técnico 162, frase 7.

FRASE 063

Inconsciente e involuntariamente, preenchemos as lacunas e completamos as imagens do sonho.

— Sigmund Freud, *A interpretação dos sonhos* (1900).

PG 66048, seção "I The Scientific Literature On The Problems Of The Dream[D]", parágrafo técnico 120, frase 2.

FRASE 064

Não esqueçamos que lidamos com pensamento inconsciente e que o processo pode facilmente diferir daquele que percebemos na contemplação intencional acompanhada de consciência.

— Sigmund Freud, *A interpretação dos sonhos* (1900).

PG 66048, seção "Vi The Dream-Work", parágrafo técnico 665, frase 4.

FRASE 065

A dúvida sobre a representação correta do sonho, ou de seus dados isolados, é apenas um derivado da censura onírica — isto é, da resistência à chegada dos pensamentos do sonho à consciência.

— Sigmund Freud, *A interpretação dos sonhos* (1900).

PG 66048, seção "Vii The Psychology Of The Dream Activities", parágrafo técnico 988, frase 3.

FRASE 066

Chamamos de inconsciente o sistema que está por trás disso, pois ele só tem acesso à consciência através do pré-consciente, passagem em que sua excitação deve submeter-se a certas mudanças.

— Sigmund Freud, *A interpretação dos sonhos* (1900).

PG 66048, seção "Vii The Psychology Of The Dream Activities", parágrafo técnico 1030, frase 3.

FRASE 067

A experiência ensina que, durante o dia, o caminho do pré-consciente à consciência é fechado aos pensamentos do sonho pela resistência da censura.

— Sigmund Freud, *A interpretação dos sonhos* (1900).

PG 66048, seção "Vii The Psychology Of The Dream Activities", parágrafo técnico 1032, frase 1.

FRASE 068

Podemos agora definir com precisão o significado, para o sonho, do desejo inconsciente.

— Sigmund Freud, *A interpretação dos sonhos* (1900).

PG 66048, seção "Vii The Psychology Of The Dream Activities", parágrafo técnico 1056, frase 1.

FRASE 069

Um desejo inconsciente é produzido pelo trabalho do dia e, por sua vez, cria o sonho.

— Sigmund Freud, *A interpretação dos sonhos* (1900).

PG 66048, seção "Vii The Psychology Of The Dream Activities", parágrafo técnico 1057, frase 2.

FRASE 070

No inconsciente, nada pode chegar ao fim; nada pode cessar nem ser esquecido.

— Sigmund Freud, *A interpretação dos sonhos* (1900).

PG 66048, seção "Vii The Psychology Of The Dream Activities", parágrafo técnico 1079, frase 4.

FRASE 071

Quando uma ideia a ser rejeitada deixa de se tornar consciente por sucumbir à repressão, ela só pode ser reprimida em outras ocasiões porque foi retirada da percepção consciente por outros motivos.

— Sigmund Freud, *A interpretação dos sonhos* (1900).

PG 66048, seção "Vii The Psychology Of The Dream Activities", parágrafo técnico 1143, frase 11.

FRASE 072

Temos aqui lembranças há muito reprimidas e seus remanescentes inconscientes que, disfarçados de imagens sem sentido, infiltraram-se na consciência por caminhos indiretos que lhes permaneceram abertos.

— Sigmund Freud, *A interpretação dos sonhos* (1900).

PG 66048, seção "Vii The Psychology Of The Dream Activities", parágrafo técnico 1147, frase 16.

FRASE 073

As resistências surgem invariavelmente quando tentamos chegar ao pensamento inconsciente oculto a partir do substituto oferecido pelo elemento do sonho.

— Sigmund Freud, *Conferências introdutórias à psicanálise* (1916–1917).

PG 75810, seção "Seventh Lecture Manifest Content And Latent Thoughts", parágrafo técnico 214, frase 5.

FRASE 074

A tarefa do tratamento psicanalítico pode ser resumida nesta fórmula: tudo o que é patogênico no inconsciente deve ser levado à consciência.

— Sigmund Freud, *Conferências introdutórias à psicanálise* (1916–1917).

PG 75810, seção "Eighteenth Lecture Fixation Upon Traumata: The Unconscious", parágrafo técnico 555, frase 2.

FRASE 075

O mesmo esforço violento volta a atuar durante o tratamento analítico, opondo-se à tentativa de trazer o inconsciente à consciência.

— Sigmund Freud, *Conferências introdutórias à psicanálise* (1916–1917).

PG 75810, seção "Nineteenth Lecture Resistance And Repression", parágrafo técnico 568, frase 7.

FRASE 076

Chamamos de repressão o processo patogênico que se revela por meio das resistências.

— Sigmund Freud, *Conferências introdutórias à psicanálise* (1916–1917).

PG 75810, seção "Nineteenth Lecture Resistance And Repression", parágrafo técnico 568, frase 9.

FRASE 077

Dizer que uma pulsão foi reprimida significa que ela não consegue sair do sistema inconsciente porque o porteiro lhe recusa a entrada no pré-consciente.

— Sigmund Freud, *Conferências introdutórias à psicanálise* (1916–1917).

PG 75810, seção "Nineteenth Lecture Resistance And Repression", parágrafo técnico 571, frase 12.

FRASE 078

Esse porteiro é aquilo que aprendemos a reconhecer como resistência em nossas tentativas, no tratamento analítico, de desfazer as repressões.

— Sigmund Freud, *Conferências introdutórias à psicanálise* (1916–1917).

PG 75810, seção "Nineteenth Lecture Resistance And Repression", parágrafo técnico 571, frase 13.

FRASE 079

Embora antes fossem pré-conscientes ou conscientes, agora elas estão submetidas à repressão por parte do eu e expostas à atração exercida pelo inconsciente.

— Sigmund Freud, *Conferências introdutórias à psicanálise* (1916–1917).

PG 75810, seção "Twenty-Third Lecture The Paths Of Symptom-Formation", parágrafo técnico 687, frase 9.

FRASE 080

Dito de outro modo: reconstruímos o processo inconsciente como se ele não tivesse sofrido repressão e tivesse passado livremente à consciência.

— Sigmund Freud, *Conferências introdutórias à psicanálise* (1916–1917).

PG 75810, seção "Twenty-Fifth Lecture Anxiety", parágrafo técnico 736, frase 5.

FRASE 081

Ao estender o inconsciente à consciência, as repressões são suspensas, as condições de formação dos sintomas são abolidas e o conflito patogênico dá lugar a um conflito normal, que precisa ser decidido de um modo ou de outro.

— Sigmund Freud, *Conferências introdutórias à psicanálise* (1916–1917).

PG 75810, seção "Twenty-Seventh Lecture Transference", parágrafo técnico 772, frase 5.

Essa repressão deve ser removida; então, a substituição do pensamento inconsciente pelo pensamento consciente pode ser efetuada imediatamente.

— Sigmund Freud, *Conferências introdutórias à psicanálise* (1916–1917).

PG 75810, seção "Twenty-Seventh Lecture Transference", parágrafo técnico 775, frase 6.

Nosso trabalho entra aqui numa segunda fase: primeiro, descobrir a repressão; depois, remover a resistência que a mantém.

— Sigmund Freud, *Conferências introdutórias à psicanálise* (1916–1917).

PG 75810, seção "Twenty-Seventh Lecture Transference", parágrafo técnico 775, frase 8.

A resistência também nasce de uma repressão, seja daquela que tentamos desfazer, seja de outra ocorrida anteriormente.

— Sigmund Freud, *Conferências introdutórias à psicanálise* (1916–1917).

PG 75810, seção "Twenty-Seventh Lecture Transference", parágrafo técnico 776, frase 3.

A contracarga, ou resistência, não pertence ao inconsciente, mas ao eu que coopera conosco — mesmo quando ela própria não é consciente.

— Sigmund Freud, *Conferências introdutórias à psicanálise* (1916–1917).

PG 75810, seção "Twenty-Seventh Lecture Transference", parágrafo técnico 776, frase 6.

Tornou-se cada vez mais claro, contudo, que o objetivo de tornar consciente o inconsciente também não era plenamente alcançável por esse método.

— Sigmund Freud, *Além do princípio do prazer* (1920).

PG 76031, seção "Iii", parágrafo técnico 20, frase 1.

FRASE 087

A resistência no tratamento provém dos mesmos níveis e sistemas superiores da vida psíquica que, em seu tempo, produziram a repressão.

— Sigmund Freud, *Além do princípio do prazer* (1920).
PG 76031, seção "Iii", parágrafo técnico 21, frase 3.

FRASE 088

Escapamos da ambiguidade se contrapomos não o consciente e o inconsciente, mas o eu coerente e o reprimido.

— Sigmund Freud, *Além do princípio do prazer* (1920).
PG 76031, seção "Iii", parágrafo técnico 21, frase 5.

FRASE 089

Muito do que há no eu é certamente inconsciente — precisamente aquilo que se poderia chamar de seu núcleo; apenas uma parte pertence à categoria do pré-consciente.

— Sigmund Freud, *Além do princípio do prazer* (1920).
PG 76031, seção "Iii", parágrafo técnico 21, frase 6.

FRASE 090

A especulação psicanalítica parte da impressão, obtida ao investigar processos inconscientes, de que a consciência não pode ser a característica mais geral dos processos psíquicos, mas apenas uma função especial deles.

— Sigmund Freud, *Além do princípio do prazer* (1920).
PG 76031, seção "Iv", parágrafo técnico 28, frase 1.

CAPÍTULO 4

Neurose

As descrições de histeria, neurastenia e neurose obsessiva refletem a nosologia do fim do século XIX e do início do XX. Elas são apresentadas como história das ideias psicanalíticas, não como orientação diagnóstica contemporânea.

FRASE 091

A histeria traumática monossintomática é, por assim dizer, um organismo elementar, um ser simples em comparação com a estrutura complexa de uma grave neurose histérica, tal como geralmente a encontramos.

— Sigmund Freud, *Textos sobre histeria e outras psiconeuroses* (1893–1905).

PG 75132, seção "Iii.", parágrafo técnico 236, frase 4.

FRASE 092

Até aqui, os processos são os mesmos na histeria, nas fobias e nas obsessões; desse ponto em diante, seus caminhos se separam.

— Sigmund Freud, *Textos sobre histeria e outras psiconeuroses* (1893–1905).

PG 75132, seção "I.", parágrafo técnico 291, frase 1.

FRASE 093

A expectativa angustiada é o sintoma mais essencial da neurose; ela também revela com clareza uma parte de sua teoria.

— Sigmund Freud, *Textos sobre histeria e outras psiconeuroses* (1893–1905).

PG 75132, seção "I. Clinical Symptomatology Of Anxiety Neurosis.", parágrafo técnico 326, frase 1.

FRASE 094

Ela compartilha com a neurastenia uma característica principal: a fonte da excitação, causa do distúrbio, situa-se na esfera somática, e não na psíquica, como na histeria e na neurose obsessiva.

— Sigmund Freud, *Textos sobre histeria e outras psiconeuroses* (1893–1905).

PG 75132, seção "Iv. The Relations To Other Neuroses.", parágrafo técnico 394, frase 2.

FRASE 095

Comparada à histeria, a neurose de angústia apresenta, em primeiro lugar, várias concordâncias sintomáticas cuja avaliação ainda permanece incerta.

— Sigmund Freud, *Textos sobre histeria e outras psiconeuroses* (1893–1905).

PG 75132, seção "Iv. The Relations To Other Neuroses.", parágrafo técnico 395, frase 1.

FRASE 096

A diferença está apenas em que a excitação cujo deslocamento se manifesta na neurose é puramente somática — excitação sexual somática — na neurose de angústia, ao passo que na histeria é psíquica, despertada por um conflito.

— Sigmund Freud, *Textos sobre histeria e outras psiconeuroses* (1893–1905).

PG 75132, seção "Iv. The Relations To Other Neuroses.", parágrafo técnico 395, frase 5.

FRASE 097

A precondição das obsessões também é uma experiência sexual infantil, mas de natureza diferente daquela encontrada na histeria.

— Sigmund Freud, *Textos sobre histeria e outras psiconeuroses* (1893–1905).

PG 75132, seção "I. The "Specific" Etiology Of Hysteria.", parágrafo técnico 407, frase 1.

FRASE 098

Em todos os meus casos de neurose obsessiva encontrei, além disso, um substrato de sintomas histéricos, que podiam ser reconduzidos a uma ação prazerosa de passividade sexual numa cena anterior.

— Sigmund Freud, *Textos sobre histeria e outras psiconeuroses* (1893–1905).

PG 75132, seção "Ii. The Essence And Mechanism Of Compulsion Neurosis.", parágrafo técnico 409, frase 1.

FRASE 099

Acredito apenas que a determinação final de surgir uma histeria ou uma neurose obsessiva com base em traumas infantis depende da relação temporal no desenvolvimento da libido.

— Sigmund Freud, *Textos sobre histeria e outras psiconeuroses* (1893–1905).

PG 75132, seção "Ii. The Essence And Mechanism Of Compulsion Neurosis.", parágrafo técnico 409, frase 4.

FRASE 100

Para esclarecer essa proposição, será necessário descrever o curso típico da neurose obsessiva.

— Sigmund Freud, *Textos sobre histeria e outras psiconeuroses* (1893–1905).

PG 75132, seção "Ii. The Essence And Mechanism Of Compulsion Neurosis.", parágrafo técnico 410, frase 2.

FRASE 101

Além desses sintomas de compromisso, que significam o retorno do reprimido e, portanto, o fracasso da defesa originalmente alcançada, a neurose obsessiva forma uma série de outros sintomas de origem inteiramente diferente.

— Sigmund Freud, *Textos sobre histeria e outras psiconeuroses* (1893–1905).

PG 75132, seção "Ii. The Essence And Mechanism Of Compulsion Neurosis.", parágrafo técnico 416, frase 1.

FRASE 102

A origem de toda compulsão nessa paranoia está na repressão, e os sintomas paranoicos admitem uma classificação semelhante à que se mostrou justificada na neurose obsessiva.

— Sigmund Freud, *Textos sobre histeria e outras psiconeuroses* (1893–1905).

PG 75132, seção "Iii. Analysis Of A Case Of Chronic Paranoia.", parágrafo técnico 434, frase 3.

FRASE 103

O terceiro grupo de sintomas da neurose obsessiva — os sintomas da defesa secundária — não pode existir como tal na paranoia, pois nenhuma defesa se afirma contra os sintomas que retornam e nos quais se acredita de fato.

— Sigmund Freud, *Textos sobre histeria e outras psiconeuroses* (1893–1905).

PG 75132, seção "Iii. Analysis Of A Case Of Chronic Paranoia.", parágrafo técnico 436, frase 1.

FRASE 104

Os sintomas neuróticos, portanto, assim como os erros e os sonhos, têm um sentido e se relacionam, como estes, com a vida da pessoa em quem aparecem.

— Sigmund Freud, *Conferências introdutórias à psicanálise* (1916–1917).

PG 75810, seção "Seventeenth Lecture The Meaning Of Symptoms", parágrafo técnico 513, frase 1.

FRASE 105

A neurose obsessiva e a histeria são as duas formas de enfermidade neurótica sobre cujo estudo a psicanálise foi inicialmente construída e em cujo tratamento nossa terapia também celebra seus triunfos.

— Sigmund Freud, *Conferências introdutórias à psicanálise* (1916–1917).

PG 75810, seção "Seventeenth Lecture The Meaning Of Symptoms", parágrafo técnico 513, frase 6.

FRASE 106

Esse tipo de perturbação da memória basta para a neurose obsessiva; na histeria, é diferente.

— Sigmund Freud, *Conferências introdutórias à psicanálise* (1916–1917).

PG 75810, seção "Eighteenth Lecture Fixation Upon Traumata: The Unconscious", parágrafo técnico 555, frase 11.

FRASE 107

Por meio da análise, sempre podemos descobrir a finalidade que está por trás do sintoma neurótico.

— Sigmund Freud, *Conferências introdutórias à psicanálise* (1916–1917).

PG 75810, seção "Nineteenth Lecture Resistance And Repression", parágrafo técnico 576, frase 2.

FRASE 108

Na histeria, geralmente se consegue a colaboração das duas tendências num único sintoma.

— Sigmund Freud, *Conferências introdutórias à psicanálise* (1916–1917).

PG 75810, seção "Nineteenth Lecture Resistance And Repression", parágrafo técnico 580, frase 12.

FRASE 109

Na neurose obsessiva, as duas partes muitas vezes permanecem distintas: o sintoma é então duplo e consiste em duas ações sucessivas que se anulam mutuamente.

— Sigmund Freud, *Conferências introdutórias à psicanálise* (1916–1917).

PG 75810, seção "Nineteenth Lecture Resistance And Repression", parágrafo técnico 580, frase 13.

FRASE 110

Como provavelmente sabem, a neurose histérica pode criar sintomas em todos os sistemas do corpo — circulatório, respiratório e outros — e, assim, perturbar todas as funções.

— Sigmund Freud, *Conferências introdutórias à psicanálise* (1916–1917).

PG 75810, seção "Twentieth Lecture The Sexual Life Of Man", parágrafo técnico 591, frase 1.

FRASE 111

De acordo com a estrutura da neurose obsessiva, esses sintomas servem principalmente como defesa contra tais desejos ou expressam o conflito entre satisfação e rejeição.

— Sigmund Freud, *Conferências introdutórias à psicanálise* (1916–1917).

PG 75810, seção "Twentieth Lecture The Sexual Life Of Man", parágrafo técnico 592, frase 2.

FRASE 112

Vocês sabem que o grupo das neuroses de transferência é constituído principalmente pela histeria e pela neurose obsessiva.

— Sigmund Freud, *Conferências introdutórias à psicanálise* (1916–1917).

PG 75810, seção "Twenty-Second Lecture Aspects Of Development And Regression. Ætiology", parágrafo técnico 644, frase 2.

FRASE 113

Na neurose obsessiva, por outro lado, a regressão da libido à etapa anterior da organização sádico-anal é o fator mais evidente e determina a forma assumida pelos sintomas.

— Sigmund Freud, *Conferências introdutórias à psicanálise* (1916–1917).

PG 75810, seção "Twenty-Second Lecture Aspects Of Development And Regression. Ætiology", parágrafo técnico 645, frase 1.

FRASE 114

Já sabemos que os sintomas neuróticos resultam de um conflito que surge quando se busca uma nova forma de satisfação da libido.

— Sigmund Freud, *Conferências introdutórias à psicanálise* (1916–1917).

PG 75810, seção "Twenty-Third Lecture The Paths Of Symptom-Formation", parágrafo técnico 667, frase 1.

FRASE 115

Os sinais temporários de excitação sexual que acompanham o ato sexual servem à psiconeurose como o material mais adequado e conveniente para a formação de sintomas.

— Sigmund Freud, *Conferências introdutórias à psicanálise* (1916–1917).

PG 75810, seção "Twenty-Fourth Lecture Ordinary Nervousness", parágrafo técnico 713, frase 7.

FRASE 116

Foi assim que os diferenciamos do primeiro grupo de neuróticos — histeria, angústia e neurose obsessiva.

— Sigmund Freud, *Conferências introdutórias à psicanálise* (1916–1917).

PG 75810, seção "Twenty-Seventh Lecture Transference", parágrafo técnico 795, frase 2.

FRASE 117

Apesar de exibir todos os sintomas visíveis de uma neurose, o paciente pode, na realidade, sofrer de outra coisa.

— Sigmund Freud, *A questão da análise leiga* (1926).

PG 76004, seção "Viii", parágrafo técnico 399, frase 3.

FRASE 118

Ela não procurava estabelecer a natureza da histeria, mas apenas lançar luz sobre a origem de seus sintomas.

— Sigmund Freud, *A questão da análise leiga* (1926).

PG 76004, seção "Ii", parágrafo técnico 472, frase 4.

FRASE 119

Para evitar equívocos, quero deixar claro que estou longe de negar a existência de conflitos psíquicos e de complexos neuróticos na neurastenia.

— Sigmund Freud, *A questão da análise leiga* (1926).

PG 76004, seção "Ii", parágrafo técnico 477, frase 5.

FRASE 120

Sem ainda compreender as conexões mais profundas, descrevi a neurose obsessiva como uma religião privada deformada e a religião como uma espécie de neurose obsessiva universal.

— Sigmund Freud, *A questão da análise leiga* (1926).

PG 76004, seção "Vi", parágrafo técnico 534, frase 2.

CAPÍTULO 5

Psicose, delírio e realidade

Freud aproximou sonhos, delírios e realidade psíquica sem afirmar que fossem fenômenos idênticos. Alguns excertos provêm de sua leitura da Gradiva de Jensen e conservam personagens e situações da obra literária analisada.

FRASE 121

Mais uma vez, era uma imagem onírica em pleno meio-dia que passava diante dele e, ainda assim, também uma realidade.

— Sigmund Freud, *Delírios e sonhos na Gradiva de Jensen* (1907).
PG 44917, seção "Gradiva", parágrafo técnico 68, frase 1.

FRASE 122

Nesse caso, o delírio do arqueólogo imaginativo teria de ser medido por outro padrão.

— Sigmund Freud, *Delírios e sonhos na Gradiva de Jensen* (1907).
PG 44917, seção "I", parágrafo técnico 219, frase 7.

FRASE 123

Se Zoë for a pessoa certa, logo aprenderemos como se curam delírios como os de nosso herói.

— Sigmund Freud, *Delírios e sonhos na Gradiva de Jensen* (1907).
PG 44917, seção "I", parágrafo técnico 228, frase 5.

FRASE 124

Todo psiquiatra sabe, afinal, que nos casos graves de delírio crônico — paranoia — atuam os maiores absurdos, engenhosamente elaborados e bem sustentados.

— Sigmund Freud, *Delírios e sonhos na Gradiva de Jensen* (1907).
PG 44917, seção "Iii", parágrafo técnico 303, frase 17.

FRASE 125

Allison descreveu a insanidade noturna, citada por Radestock, na qual as pessoas parecem perfeitamente bem durante o dia, enquanto alucinações, acessos de frenesi e fenômenos semelhantes surgem regularmente à noite.

— Sigmund Freud, *A interpretação dos sonhos* (1900).

PG 66048, seção "I The Scientific Literature On The Problems Of The Dream[D]", parágrafo técnico 225, frase 9.

FRASE 126

Nos casos de convalescença da insanidade, muitas vezes fica especialmente claro que, embora as funções diurnas sejam normais, a vida onírica ainda pode pertencer à psicose.

— Sigmund Freud, *A interpretação dos sonhos* (1900).

PG 66048, seção "I The Scientific Literature On The Problems Of The Dream[D]", parágrafo técnico 227, frase 1.

FRASE 127

A suposta posse de propriedades e a realização imaginária de desejos, cuja negação ou destruição acabara de servir de causa psíquica à insanidade, frequentemente constituem o conteúdo principal do delírio.

— Sigmund Freud, *A interpretação dos sonhos* (1900).

PG 66048, seção "I The Scientific Literature On The Problems Of The Dream[D]", parágrafo técnico 231, frase 2.

FRASE 128

Quando um delírio não pode ser dissipado pelos fatos da realidade, provavelmente não brota da realidade.

— Sigmund Freud, *Conferências introdutórias à psicanálise* (1916–1917).

PG 75810, seção "Sixteenth Lecture Psycho-Analysis And Psychiatry", parágrafo técnico 506, frase 2.

FRASE 129

Em outras palavras, essa senhora desenvolveu um delírio porque tinha uma predisposição hereditária para isso.

— Sigmund Freud, *Conferências introdutórias à psicanálise* (1916–1917).

PG 75810, seção "Sixteenth Lecture Psycho-Analysis And Psychiatry", parágrafo técnico 506, frase 9.

FRASE 130

Em consequência dessa privação na realidade, a necessidade é forçada a seguir os caminhos anormais da excitação sexual.

— Sigmund Freud, *Conferências introdutórias à psicanálise* (1916–1917).

PG 75810, seção "Twentieth Lecture The Sexual Life Of Man", parágrafo técnico 593, frase 4.

CAPÍTULO 6

Narcisismo, libido e ideal do eu

Narcisismo, identificação, libido do eu e libido de objeto permitiram a Freud rever sua teoria das pulsões. As formulações são etapas de uma teoria em movimento, não definições imutáveis.

FRASE 131

Nas antipatias e aversões indisfarçadas que as pessoas sentem por estranhos com quem precisam lidar, podemos reconhecer a expressão do amor a si mesmo — do narcisismo.

— Sigmund Freud, *Psicologia das massas e análise do eu* (1921).

PG 35877, seção "Further Problems And Lines Of Work", parágrafo técnico 83, frase 2.

FRASE 132

A identificação é conhecida pela psicanálise como a mais antiga expressão de um laço afetivo com outra pessoa.

— Sigmund Freud, *Psicologia das massas e análise do eu* (1921).

PG 35877, seção "Identification", parágrafo técnico 86, frase 1.

FRASE 133

A identificação é ambivalente desde o início: pode transformar-se tanto em expressão de ternura quanto em desejo de afastamento de alguém.

— Sigmund Freud, *Psicologia das massas e análise do eu* (1921).

PG 35877, seção "Identification", parágrafo técnico 87, frase 6.

FRASE 134

Vemos que o objeto é tratado do mesmo modo que o próprio eu, de maneira que, quando estamos apaixonados, uma quantidade considerável de libido narcísica transborda para o objeto.

— Sigmund Freud, *Psicologia das massas e análise do eu* (1921).

PG 35877, seção "Being In Love And Hypnosis", parágrafo técnico 104, frase 3.

FRASE 135

Em muitas formas de escolha amorosa, é até evidente que o objeto serve de substituto para algum ideal do eu que não alcançamos.

— Sigmund Freud, *Psicologia das massas e análise do eu* (1921).

PG 35877, seção "Being In Love And Hypnosis", parágrafo técnico 104, frase 4.

FRASE 136

É realmente certo que a identificação pressupõe o abandono do investimento de objeto?

— Sigmund Freud, *Psicologia das massas e análise do eu* (1921).

PG 35877, seção "Being In Love And Hypnosis", parágrafo técnico 107, frase 10.

FRASE 137

Há a mesma absorção da iniciativa própria; ninguém pode duvidar de que o hipnotizador ocupou o lugar do ideal do eu.

— Sigmund Freud, *Psicologia das massas e análise do eu* (1921).

PG 35877, seção "Being In Love And Hypnosis", parágrafo técnico 108, frase 4.

FRASE 138

Cada indivíduo faz parte de numerosos grupos, está ligado por identificações em muitas direções e construiu seu ideal do eu segundo os mais variados modelos.

— Sigmund Freud, *Psicologia das massas e análise do eu* (1921).

PG 35877, seção "A Differentiating Grade In The Ego", parágrafo técnico 137, frase 2.

FRASE 139

É perfeitamente concebível que a separação entre o ideal do eu e o eu também não possa ser suportada por muito tempo e tenha de ser temporariamente desfeita.

— Sigmund Freud, *Psicologia das massas e análise do eu* (1921).

PG 35877, seção "A Differentiating Grade In The Ego", parágrafo técnico 141, frase 1.

FRASE 140

Há sempre um sentimento de triunfo quando algo no eu coincide com o ideal do eu.

— Sigmund Freud, *Psicologia das massas e análise do eu* (1921).

PG 35877, seção "A Differentiating Grade In The Ego", parágrafo técnico 142, frase 1.

FRASE 141

Ele é então novamente erigido dentro do eu, por meio da identificação, e severamente condenado pelo ideal do eu.

— Sigmund Freud, *Psicologia das massas e análise do eu* (1921).

PG 35877, seção "A Differentiating Grade In The Ego", parágrafo técnico 146, frase 7.

FRASE 142

A identificação precisa ser acrescentada onde ocorreu a escolha de objeto, e o amor de objeto onde há identificação.

— Sigmund Freud, *Psicologia das massas e análise do eu* (1921).

PG 35877, seção "Postscript", parágrafo técnico 153, frase 6.

FRASE 143

Além disso, ainda há muito a explicar nas manifestações das identificações existentes.

— Sigmund Freud, *Psicologia das massas e análise do eu* (1921).

PG 35877, seção "Footnotes:", parágrafo técnico 229, frase 4.

FRASE 144

Talvez as células dos tumores malignos que destroem o organismo também possam ser consideradas narcísicas nesse mesmo sentido.

— Sigmund Freud, *Além do princípio do prazer* (1920).

PG 76031, seção "Vi", parágrafo técnico 67, frase 8.

FRASE 145

Surge aqui a oportunidade de rever o desenvolvimento gradual de nossa teoria da libido.

— Sigmund Freud, *Além do princípio do prazer* (1920).

PG 76031, seção "Vi", parágrafo técnico 68, frase 1.

FRASE 146

Espíritos críticos e perspicazes já haviam levantado, havia muito, objeções à redução do conceito de libido à energia da pulsão sexual dirigida ao objeto.

— Sigmund Freud, *Além do princípio do prazer* (1920).
PG 76031, seção "Vi", parágrafo técnico 69, frase 2.

FRASE 147

A teoria da libido de Jung, por outro lado, é monista; aplicar o termo libido à sua única energia pulsional estava destinado a criar confusão, mas isso não deveria produzir outros efeitos sobre nós.

— Sigmund Freud, *Além do princípio do prazer* (1920).
PG 76031, seção "Vi", parágrafo técnico 71, frase 5.

FRASE 148

Eu já trabalhava então numa teoria da libido nas neuroses, destinada a explicar todas as manifestações neuróticas e psicóticas com base nos desvios anormais da libido.

— Sigmund Freud, *História do movimento psicanalítico* (1914).
PG 76298, seção "Ii", parágrafo técnico 49, frase 5.

FRASE 149

A libido sexual foi substituída por uma ideia abstrata, da qual se pode dizer que permaneceu igualmente misteriosa e incompreensível para tolos e sábios.

— Sigmund Freud, *História do movimento psicanalítico* (1914).
PG 76298, seção "Iii", parágrafo técnico 107, frase 5.

FRASE 150

Os serviços prestados pelas substâncias intoxicantes na luta pela felicidade e no afastamento da miséria são tão valorizados como benefício que indivíduos e povos lhes reservaram um lugar permanente em sua economia libidinal.

— Sigmund Freud, *O mal-estar na civilização* (1930).
PG 78221, seção "Ii", parágrafo técnico 32, frase 7.

FRASE 151

Outro método de proteção contra a dor consiste em utilizar os deslocamentos da libido que nosso aparelho psíquico permite e dos quais ele extrai grande flexibilidade.

— Sigmund Freud, *O mal-estar na civilização* (1930).

PG 78221, seção "Ii", parágrafo técnico 34, frase 1.

FRASE 152

Naquele sentido modificado em que vimos ser alcançável, a felicidade é, para cada indivíduo, um problema da economia da libido.

— Sigmund Freud, *O mal-estar na civilização* (1930).

PG 78221, seção "Ii", parágrafo técnico 39, frase 5.

FRASE 153

Os interesses dos tipos narcísicos serão determinados por seus dons particulares e pelo grau de sublimação pulsional de que são capazes.

— Sigmund Freud, *O mal-estar na civilização* (1930).

PG 78221, seção "Ii", parágrafo técnico 39, frase 11.

FRASE 154

Não é possível discutir adequadamente, nos limites de um breve panorama, o significado do trabalho para a economia da libido.

— Sigmund Freud, *O mal-estar na civilização* (1930).

PG 78221, seção "Footnotes:", parágrafo técnico 44, frase 2.

FRASE 155

Como o ser humano não dispõe de uma quantidade ilimitada de energia psíquica, precisa realizar suas tarefas distribuindo a libido da maneira mais vantajosa.

— Sigmund Freud, *O mal-estar na civilização* (1930).

PG 78221, seção "Iv", parágrafo técnico 69, frase 3.

FRASE 156

A neurose apareceu como resultado de uma luta entre os interesses de autopreservação e as exigências da libido — luta em que o eu venceu, mas ao preço de grande sofrimento e renúncias.

— Sigmund Freud, *O mal-estar na civilização* (1930).

PG 78221, seção "Vi", parágrafo técnico 94, frase 9.

FRASE 157

Essa libido narcísica volta-se para os objetos, tornando-se libido de objeto, e pode transformar-se novamente em libido narcísica.

— Sigmund Freud, *O mal-estar na civilização* (1930).

PG 78221, seção "Vi", parágrafo técnico 95, frase 4.

FRASE 158

O conceito de narcisismo tornou possível considerar, sob o ângulo psicanalítico, as neuroses traumáticas, muitas afecções próximas das psicoses e também as próprias psicoses.

— Sigmund Freud, *O mal-estar na civilização* (1930).

PG 78221, seção "Vi", parágrafo técnico 95, frase 5.

FRASE 159

Não foi necessário abandonar a concepção de que as neuroses de transferência são tentativas do eu de se proteger da sexualidade, mas o conceito de libido ficou ameaçado.

— Sigmund Freud, *O mal-estar na civilização* (1930).

PG 78221, seção "Vi", parágrafo técnico 95, frase 6.

FRASE 160

No homem primitivo, um novo afluxo de libido pode ter acendido um novo surto de energia da pulsão de destruição.

— Sigmund Freud, *O mal-estar na civilização* (1930).

PG 78221, seção "Vii", parágrafo técnico 107, frase 6.

CAPÍTULO 7

Complexo de Édipo e vínculos familiares

O complexo de Édipo articula desejo, rivalidade, identificação e proibição. O capítulo reúne formulações clínicas, mitológicas e antropológicas; as hipóteses sobre a "horda primeva" pertencem ao contexto intelectual de sua época.

FRASE 161

A primeira e mais importante atividade da vida da criança — sugar o seio materno, ou seu substituto — deve tê-la familiarizado com esse prazer.

— Sigmund Freud, *Três ensaios sobre a teoria da sexualidade* (1905).
PG 14969, seção "The Manifestations Of The Infantile Sexuality", parágrafo técnico 169, frase 4.

FRASE 162

Quanto mais nos aproximamos das perturbações profundas do desenvolvimento psicossexual, mais facilmente reconhecemos a evidente importância da escolha incestuosa de objeto.

— Sigmund Freud, *Três ensaios sobre a teoria da sexualidade* (1905).
PG 14969, seção "The Object-Finding", parágrafo técnico 277, frase 1.

FRASE 163

Brigas entre os pais e relações conjugais infelizes estabelecem, nas crianças, as predisposições mais severas para um desenvolvimento sexual perturbado ou para enfermidades neuróticas.

— Sigmund Freud, *Três ensaios sobre a teoria da sexualidade* (1905).
PG 14969, seção "The Object-Finding", parágrafo técnico 278, frase 7.

FRASE 164

Ambos os fatores também se aplicam à menina, cuja atividade sexual está sob o cuidado especial da mãe.

— Sigmund Freud, *Três ensaios sobre a teoria da sexualidade* (1905).
PG 14969, seção "The Object-Finding", parágrafo técnico 280, frase 10.

FRASE 165

O menino percebe que o pai se interpõe entre ele e a mãe.

— Sigmund Freud, *Psicologia das massas e análise do eu* (1921).

PG 35877, seção "Identification", parágrafo técnico 87, frase 4.

FRASE 166

Sua identificação com o pai assume então uma coloração hostil e torna-se idêntica ao desejo de substituir o pai também em relação à mãe.

— Sigmund Freud, *Psicologia das massas e análise do eu* (1921).

PG 35877, seção "Identification", parágrafo técnico 87, frase 5.

FRASE 167

A história posterior dessa identificação com o pai pode facilmente se perder de vista.

— Sigmund Freud, *Psicologia das massas e análise do eu* (1921).

PG 35877, seção "Identification", parágrafo técnico 88, frase 1.

FRASE 168

Os membros do grupo estavam submetidos a laços como os que vemos hoje, mas o pai da horda primeva era livre.

— Sigmund Freud, *Psicologia das massas e análise do eu* (1921).

PG 35877, seção "The Group And The Primal Horde", parágrafo técnico 127, frase 3.

FRASE 169

O pai primevo da horda ainda não era imortal, como se tornou mais tarde por meio da divinização.

— Sigmund Freud, *Psicologia das massas e análise do eu* (1921).

PG 35877, seção "The Group And The Primal Horde", parágrafo técnico 129, frase 1.

FRASE 170

O pai primevo é o ideal do grupo, que governa o eu no lugar do ideal do eu.

— Sigmund Freud, *Psicologia das massas e análise do eu* (1921).

PG 35877, seção "The Group And The Primal Horde", parágrafo técnico 136, frase 3.

FRASE 171

O herói era um homem que, sozinho, matara o pai — o pai que ainda aparecia no mito como um monstro totêmico.

— Sigmund Freud, *Psicologia das massas e análise do eu* (1921).
PG 35877, seção "Postscript", parágrafo técnico 156, frase 5.

FRASE 172

Os filhos desse casamento grupal considerariam corretamente uns aos outros irmãos e irmãs, embora não nascidos da mesma mãe, e tomariam todos os homens do grupo por seus pais.

— Sigmund Freud, *Totem e tabu* (1913).
PG 41214, seção "The Savage's Dread Of Incest", parágrafo técnico 27, frase 4.

FRASE 173

Um pai tampouco permanecerá sozinho em casa com a filha, assim como a mãe não ficará com o filho.

— Sigmund Freud, *Totem e tabu* (1913).
PG 41214, seção "The Savage's Dread Of Incest", parágrafo técnico 42, frase 5.

FRASE 174

Embora todos os observadores tenham interpretado as evitações entre parentes próximos como medidas de proteção contra o incesto, foram propostas interpretações diferentes para as proibições relativas à sogra.

— Sigmund Freud, *Totem e tabu* (1913).
PG 41214, seção "The Savage's Dread Of Incest", parágrafo técnico 52, frase 1.

FRASE 175

Não vejo objeção à suposição de que seja justamente o fator incestuoso dessa relação que motive, entre povos então chamados selvagens, a evitação entre genro e sogra.

— Sigmund Freud, *Totem e tabu* (1913).
PG 41214, seção "The Savage's Dread Of Incest", parágrafo técnico 61, frase 1.

FRASE 176

Chegamos a declarar que a relação com os pais, impulsionada por anseios incestuosos, é o complexo central da neurose.

— Sigmund Freud, *Totem e tabu* (1913).

PG 41214, seção "The Savage's Dread Of Incest", parágrafo técnico 62, frase 6.

FRASE 177

Tanto no complexo de Édipo quanto no de castração, o pai desempenha o mesmo papel de adversário temido dos interesses sexuais infantis.

— Sigmund Freud, *Totem e tabu* (1913).

PG 41214, seção "(B) And (C) The Origin Of Exogamy And Its Relation To Totemism", parágrafo técnico 373, frase 6.

FRASE 178

Antes de rejeitar essa ideia como monstruosa, que o leitor considere as relações reais entre pais e filhos.

— Sigmund Freud, *A interpretação dos sonhos* (1900).

PG 66048, seção "V The Material And Sources Of Dreams", parágrafo técnico 547, frase 1.

FRASE 179

Édipo, filho de Laio, rei de Tebas, e de Jocasta, é abandonado ainda bebê porque um oráculo informou ao pai que o filho, ainda não nascido, seria seu assassino.

— Sigmund Freud, *A interpretação dos sonhos* (1900).

PG 66048, seção "V The Material And Sources Of Dreams", parágrafo técnico 555, frase 2.

FRASE 180

Édipo, profundamente abalado pelas monstruosidades que cometera sem saber, cega a si próprio e abandona sua terra natal.

— Sigmund Freud, *A interpretação dos sonhos* (1900).

PG 66048, seção "V The Material And Sources Of Dreams", parágrafo técnico 557, frase 2.

FRASE 181

Talvez todos estejamos destinados a dirigir nossas primeiras pulsões sexuais à mãe e nosso primeiro ódio e desejos violentos ao pai; nossos sonhos nos convencem disso.

— Sigmund Freud, *A interpretação dos sonhos* (1900).

PG 66048, seção "V The Material And Sources Of Dreams", parágrafo técnico 559, frase 5.

FRASE 182

O rei Édipo, que matou o pai Laio e se casou com a mãe Jocasta, nada mais é que a realização de um desejo de nossa infância.

— Sigmund Freud, *A interpretação dos sonhos* (1900).

PG 66048, seção "V The Material And Sources Of Dreams", parágrafo técnico 559, frase 6.

FRASE 183

Os assaltantes eram sempre o pai; os fantasmas provavelmente correspondiam a figuras femininas vestidas com camisolas brancas.

— Sigmund Freud, *A interpretação dos sonhos* (1900).

PG 66048, seção "V The Material And Sources Of Dreams", parágrafo técnico 619, frase 4.

FRASE 184

O afastamento do pequeno, do genital, no primeiro sonho também se refere, portanto, à ameaça de castração.

— Sigmund Freud, *A interpretação dos sonhos* (1900).

PG 66048, seção "V The Material And Sources Of Dreams", parágrafo técnico 634, frase 1.

FRASE 185

No sonho, o pai lhe pergunta para que serve tudo aquilo — isto é, pergunta sobre a finalidade e a disposição dos genitais.

— Sigmund Freud, *A interpretação dos sonhos* (1900).

PG 66048, seção "V The Material And Sources Of Dreams", parágrafo técnico 638, frase 6.

FRASE 186

O sonhador se surpreende com o fato de o pai ter sofrido um infortúnio — pois, ao narrar o sonho, acrescenta que ele já está morto.

— Sigmund Freud, *A interpretação dos sonhos* (1900).

PG 66048, seção "The Fair One.", parágrafo técnico 845, frase 4.

FRASE 187

O sonhador encomendara a um artista um busto de seu pai, que inspecionara dois dias antes do sonho.

— Sigmund Freud, *A interpretação dos sonhos* (1900).

PG 66048, seção "The Fair One.", parágrafo técnico 846, frase 3.

FRASE 188

Quando vivo, seu pai apresentava uma ruga profunda no lugar em que o sonho mostra a lesão, sempre que estava pensativo ou triste.

— Sigmund Freud, *A interpretação dos sonhos* (1900).

PG 66048, seção "The Fair One.", parágrafo técnico 846, frase 10.

FRASE 189

Do quarto ao lado vinham as vozes claras das crianças, que despertavam e conversavam com a mãe.

— Sigmund Freud, *A interpretação dos sonhos* (1900).

PG 66048, seção "The Fair One.", parágrafo técnico 933, frase 3.

FRASE 190

O príncipe Hal, de Shakespeare, não consegue resistir à tentação de ver como a coroa lhe assenta nem mesmo junto ao leito do pai enfermo.

— Sigmund Freud, *A interpretação dos sonhos* (1900).

PG 66048, seção "The Fair One.", parágrafo técnico 947, frase 13.

CAPÍTULO 8

Eu, supereu e isso

Eu, ideal do eu, supereu, Eros e pulsão de morte aparecem em textos de diferentes momentos. Para evitar o falso anacronismo que marcava a edição anterior, cada passagem mantém o ano da obra efetivamente utilizada.

FRASE 191

Chamamos de sentimento de culpa a tensão entre o supereu severo e o eu a ele subordinado; ela se manifesta como necessidade de punição.

— Sigmund Freud, *O mal-estar na civilização* (1930).

PG 78221, seção "Vii", parágrafo técnico 108, frase 9.

FRASE 192

Podemos apenas ver que a identificação procura moldar o próprio eu da pessoa segundo aquele que foi tomado como modelo.

— Sigmund Freud, *Psicologia das massas e análise do eu* (1921).

PG 35877, seção "Identification", parágrafo técnico 89, frase 6.

FRASE 193

A identificação por meio do sintoma tornou-se, assim, a marca de um ponto de coincidência entre dois eus que precisa permanecer reprimido.

— Sigmund Freud, *Psicologia das massas e análise do eu* (1921).

PG 35877, seção "Identification", parágrafo técnico 91, frase 8.

FRASE 194

Trotter inclui entre as pulsões que considera primárias as de autopreservação, nutrição, sexo e gregarismo.

— Sigmund Freud, *Psicologia das massas e análise do eu* (1921).

PG 35877, seção "The Herd Instinct", parágrafo técnico 118, frase 1.

FRASE 195

Interpretamos esse prodígio no sentido de que o indivíduo renuncia ao seu ideal do eu e o substitui pelo ideal do grupo encarnado no líder.

— Sigmund Freud, *Psicologia das massas e análise do eu* (1921).
PG 35877, seção "A Differentiating Grade In The Ego", parágrafo técnico 138, frase 1.

FRASE 196

No tipo espontâneo, pode-se supor que o ideal do eu tende a mostrar uma severidade peculiar, o que resulta automaticamente em sua suspensão temporária.

— Sigmund Freud, *Psicologia das massas e análise do eu* (1921).
PG 35877, seção "A Differentiating Grade In The Ego", parágrafo técnico 148, frase 2.

FRASE 197

Nossa justificativa para distinguir pulsões sexuais e pulsões do eu dificilmente pode ser contestada; ela já é pressuposta pela existência da pulsão sexual como atividade especial do indivíduo.

— Sigmund Freud, *Conferências introdutórias à psicanálise* (1916–1917).
PG 75810, seção "Twenty-Sixth Lecture The Theory Of The Libido: Narcissism", parágrafo técnico 752, frase 1.

FRASE 198

Por outro lado, logo nos lembramos daqueles exemplos da vida animal que parecem confirmar a ideia de que a pulsão foi historicamente condicionada.

— Sigmund Freud, *Além do princípio do prazer* (1920).
PG 76031, seção "V", parágrafo técnico 44, frase 2.

FRASE 199

As células germinativas necessitam de sua libido — a atividade de suas pulsões vitais — como reserva para sua enorme atividade construtiva posterior.

— Sigmund Freud, *Além do princípio do prazer* (1920).
PG 76031, seção "Vi", parágrafo técnico 67, frase 7.

FRASE 200

Assim, a libido de nossas pulsões sexuais coincidiria com o Eros
dos poetas e filósofos, que mantém unido tudo o que vive.

— Sigmund Freud, *Além do princípio do prazer* (1920).

PG 76031, seção "Vi", parágrafo técnico 67, frase 10.

FRASE 201

Com isso, a antítese original entre as pulsões do eu e as pulsões
sexuais tornou-se insuficiente.

— Sigmund Freud, *Além do princípio do prazer* (1920).

PG 76031, seção "Vi", parágrafo técnico 69, frase 7.

FRASE 202

Ao contrário, tomamos como ponto de partida uma distinção
nítida entre as pulsões do eu — pulsões de morte — e as pulsões
sexuais — pulsões de vida.

— Sigmund Freud, *Além do princípio do prazer* (1920).

PG 76031, seção "Vi", parágrafo técnico 71, frase 2.

FRASE 203

Suspeitamos que existam no eu outras pulsões além das de
autopreservação; apenas deveríamos estar em condições de de-
monstrá-las.

— Sigmund Freud, *Além do princípio do prazer* (1920).

PG 76031, seção "Vi", parágrafo técnico 71, frase 6.

FRASE 204

As pulsões libidinais do eu podem, de fato, estar ligadas de
modo especial a outras pulsões do eu das quais ainda nada
sabemos.

— Sigmund Freud, *Além do princípio do prazer* (1920).

PG 76031, seção "Vi", parágrafo técnico 71, frase 8.

FRASE 205

Na obscuridade que atualmente envolve a teoria das pulsões, certamente não faremos bem em rejeitar uma ideia que prometa lançar alguma luz.

— Sigmund Freud, *Além do princípio do prazer* (1920).
PG 76031, seção "Vi", parágrafo técnico 72, frase 1.

FRASE 206

Não se impõe a suposição de que esse sadismo seja propriamente uma pulsão de morte, afastada do eu pela influência da libido narcísica e, assim, manifesta apenas em relação ao objeto?

— Sigmund Freud, *Além do princípio do prazer* (1920).
PG 76031, seção "Vi", parágrafo técnico 72, frase 8.

FRASE 207

Poderíamos até dizer que o sadismo expulso do eu serviu de guia aos componentes libidinais da pulsão sexual, que depois avançam em direção ao objeto.

— Sigmund Freud, *Além do princípio do prazer* (1920).
PG 76031, seção "Vi", parágrafo técnico 72, frase 10.

FRASE 208

Quando moderada, domada — como se inibida em seu alvo — e dirigida aos objetos, a pulsão de destruição é obrigada a proporcionar ao eu a satisfação de suas necessidades e o domínio sobre a natureza.

— Sigmund Freud, *O mal-estar na civilização* (1930).
PG 78221, seção "Vi", parágrafo técnico 97, frase 4.

FRASE 209

Uma grande mudança ocorre assim que a autoridade é internalizada pelo desenvolvimento de um supereu.

— Sigmund Freud, *O mal-estar na civilização* (1930).
PG 78221, seção "Vii", parágrafo técnico 111, frase 1.

FRASE 210

A primeira nos obriga a renunciar à satisfação pulsional; a outra, além disso, impele à punição, pois a persistência dos desejos proibidos não pode ser ocultada do supereu.

— Sigmund Freud, *O mal-estar na civilização* (1930).

PG 78221, seção "Vii", parágrafo técnico 113, frase 2.

FRASE 211

Também ouvimos como se explica a severidade do supereu, o rigor da consciência moral.

— Sigmund Freud, *O mal-estar na civilização* (1930).

PG 78221, seção "Vii", parágrafo técnico 113, frase 3.

FRASE 212

Aqui, a renúncia à satisfação não basta, pois o desejo persiste e não pode ser escondido do supereu.

— Sigmund Freud, *O mal-estar na civilização* (1930).

PG 78221, seção "Vii", parágrafo técnico 113, frase 9.

FRASE 213

O efeito da renúncia pulsional sobre a consciência opera assim: cada impulso agressivo cuja satisfação omitimos é assumido pelo supereu e aumenta sua agressividade contra o eu.

— Sigmund Freud, *O mal-estar na civilização* (1930).

PG 78221, seção "Vii", parágrafo técnico 115, frase 4.

FRASE 214

Podemos eliminar essa discrepância se supusermos outra origem para a primeira quantidade de agressividade com que o supereu foi dotado.

— Sigmund Freud, *O mal-estar na civilização* (1930).

PG 78221, seção "Vii", parágrafo técnico 115, frase 6.

FRASE 215

A relação entre supereu e eu é uma reprodução, deformada por um desejo, das relações reais entre o eu — antes de sua divisão — e um objeto externo.

— Sigmund Freud, *O mal-estar na civilização* (1930).

PG 78221, seção "Vii", parágrafo técnico 115, frase 12.

FRASE 216

Foi precisamente o desenvolvimento da autoridade interior, o supereu, que alterou radicalmente toda a situação.

— Sigmund Freud, *O mal-estar na civilização* (1930).

PG 78221, seção "Viii", parágrafo técnico 131, frase 4.

FRASE 217

Se os levamos ao conhecimento consciente, constatamos que coincidem com as exigências do supereu cultural dominante.

— Sigmund Freud, *O mal-estar na civilização* (1930).

PG 78221, seção "Viii", parágrafo técnico 135, frase 11.

FRASE 218

Por isso, muitos efeitos e propriedades do supereu podem ser detectados com mais facilidade em sua atuação no grupo do que no indivíduo.

— Sigmund Freud, *O mal-estar na civilização* (1930).

PG 78221, seção "Viii", parágrafo técnico 135, frase 13.

FRASE 219

O supereu cultural elaborou seus ideais e estabeleceu seus padrões.

— Sigmund Freud, *O mal-estar na civilização* (1930).

PG 78221, seção "Viii", parágrafo técnico 136, frase 1.

FRASE 220

Exatamente as mesmas objeções podem ser feitas aos padrões éticos do supereu cultural.

— Sigmund Freud, *O mal-estar na civilização* (1930).

PG 78221, seção "Viii", parágrafo técnico 136, frase 9.

Método e tratamento psicanalítico

A técnica psicanalítica se constrói pela palavra, pela escuta, pela resistência, pela interpretação e pela transferência. Estes textos não substituem formação clínica, supervisão nem atendimento profissional.

Também podemos contar com o interesse intelectual que se manifesta no paciente após um breve período de análise.

— Sigmund Freud, *Textos sobre histeria e outras psiconeuroses* (1893–1905).

PG 75132, seção "Ii.", parágrafo técnico 228, frase 3.

Sempre que a pressão abre um novo caminho, pode-se esperar que o paciente o percorra por certa distância sem nova resistência.

— Sigmund Freud, *Textos sobre histeria e outras psiconeuroses* (1893–1905).

PG 75132, seção "Iii.", parágrafo técnico 246, frase 3.

Abriu-se assim um caminho para uma camada interior, dentro da qual o paciente passa a dispor espontaneamente do material que oferece igual resistência.

— Sigmund Freud, *Textos sobre histeria e outras psiconeuroses* (1893–1905).

PG 75132, seção "Iii.", parágrafo técnico 247, frase 3.

FRASE 224

É preciso seguir os outros fios e esgotar o material; mas agora o paciente volta a colaborar energicamente, pois sua resistência foi em grande parte rompida.

— Sigmund Freud, *Textos sobre histeria e outras psiconeuroses* (1893–1905).

PG 75132, seção "Iii.", parágrafo técnico 256, frase 4.

FRASE 225

O paciente tem agora um novo motivo para resistir, que se manifesta não apenas em certa reminiscência, mas em cada tentativa do tratamento.

— Sigmund Freud, *Textos sobre histeria e outras psiconeuroses* (1893–1905).

PG 75132, seção "Iii.", parágrafo técnico 272, frase 4.

FRASE 226

Nenhuma análise pode ser concluída se não soubermos enfrentar as resistências decorrentes das causas mencionadas.

— Sigmund Freud, *Textos sobre histeria e outras psiconeuroses* (1893–1905).

PG 75132, seção "Iii.", parágrafo técnico 274, frase 1.

FRASE 227

A idade do paciente também desempenha um papel na indicação do tratamento psicanalítico.

— Sigmund Freud, *Textos sobre histeria e outras psiconeuroses* (1893–1905).

PG 75132, seção "Chapter Viii. On Psychotherapy.[53]", parágrafo técnico 451, frase 2.

FRASE 228

A revelação e a interpretação do inconsciente ocorrem sob constante resistência por parte do paciente.

— Sigmund Freud, *Textos sobre histeria e outras psiconeuroses* (1893–1905).

PG 75132, seção "Chapter Viii. On Psychotherapy.[53]", parágrafo técnico 457, frase 2.

FRASE 229

O tratamento psicanalítico pode ser concebido, de modo geral, como uma formação posterior destinada a superar resistências internas.

— Sigmund Freud, *Textos sobre histeria e outras psiconeuroses* (1893–1905).

PG 75132, seção "Chapter Viii. On Psychotherapy.[53]", parágrafo técnico 457, frase 6.

FRASE 230

A técnica da psicanálise oferece os meios de descobrir, a partir dos sintomas, as fantasias inconscientes e depois trazê-las de volta à consciência do paciente.

— Sigmund Freud, *Textos sobre histeria e outras psiconeuroses* (1893–1905).

PG 75132, seção "Chapter X. Hysterical Fancies And Their Relations To Bisexuality.[57]", parágrafo técnico 480, frase 2.

FRASE 231

Refiro-me ao campo das neuroses: o material se encontra nos sintomas e em outros modos de expressão dos pacientes nervosos, para cuja explicação e tratamento a psicanálise foi concebida.

— Sigmund Freud, *Conferências introdutórias à psicanálise* (1916–1917).

PG 75810, seção "Tenth Lecture Symbolism In Dreams", parágrafo técnico 333, frase 3.

FRASE 232

A análise, a interpretação e a tradução dos sintomas neuróticos mostraram-se tão atraentes aos psicanalistas que, em comparação, eles negligenciaram temporariamente os outros problemas das neuroses.

— Sigmund Freud, *Conferências introdutórias à psicanálise* (1916–1917).

PG 75810, seção "Seventeenth Lecture The Meaning Of Symptoms", parágrafo técnico 532, frase 10.

FRASE 233

A resistência dos pacientes é extremamente variada e sutil, muitas vezes difícil de reconhecer e proteiforme em suas múltiplas formas; o analista precisa manter-se continuamente desconfiado e atento.

— Sigmund Freud, *Conferências introdutórias à psicanálise* (1916–1917).

PG 75810, seção "Nineteenth Lecture Resistance And Repression", parágrafo técnico 560, frase 1.

FRASE 234

Por fim compreendemos que vencer essas resistências é o trabalho essencial da análise, a única parte do trabalho que nos assegura ter alcançado algo para o paciente.

— Sigmund Freud, *Conferências introdutórias à psicanálise* (1916–1917).

PG 75810, seção "Nineteenth Lecture Resistance And Repression", parágrafo técnico 565, frase 8.

FRASE 235

É muito mais importante para o paciente que o analista possua qualidades pessoais capazes de inspirar plena confiança e tenha o conhecimento e a experiência que o habilitam a aplicar a psicanálise.

— Sigmund Freud, *A questão da análise leiga* (1926).

PG 76004, seção "Viii", parágrafo técnico 420, frase 2.

FRASE 236

Em todos os demais tratamentos sugestivos, a transferência é cuidadosamente preservada e mantida intacta; na análise, ela própria é objeto do tratamento e é continuamente examinada em todas as suas formas.

— Sigmund Freud, *Conferências introdutórias à psicanálise* (1916–1917).

PG 75810, seção "Twenty-Eighth Lecture The Analytic Therapy", parágrafo técnico 803, frase 15.

FRASE 237

As resistências externas que as circunstâncias e o ambiente do paciente erguem contra a análise têm pouco interesse teórico, mas enorme importância prática.

— Sigmund Freud, *Conferências introdutórias à psicanálise* (1916–1917).

PG 75810, seção "Twenty-Eighth Lecture The Analytic Therapy", parágrafo técnico 814, frase 6.

FRASE 238

À primeira vista, nada acontece entre paciente e psicanalista além de conversarem um com o outro.

— Sigmund Freud, *A questão da análise leiga* (1926).

PG 76004, seção "Ii", parágrafo técnico 51, frase 1.

FRASE 239

Ao examinar o paciente, o psicanalista não recorre a instrumentos nem prescreve medicamentos.

— Sigmund Freud, *A questão da análise leiga* (1926).

PG 76004, seção "Ii", parágrafo técnico 51, frase 2.

FRASE 240

Em geral, o analista simplesmente marca um encontro com o paciente, deixa-o falar, escuta-o, volta a deixá-lo falar e torna a escutá-lo.

— Sigmund Freud, *A questão da análise leiga* (1926).

PG 76004, seção "Ii", parágrafo técnico 51, frase 5.

FRASE 241

A luta contra todas essas resistências é nosso principal trabalho durante o tratamento analítico; diante dela, a tarefa de interpretar quase desaparece.

— Sigmund Freud, *A questão da análise leiga* (1926).

PG 76004, seção "Vi", parágrafo técnico 303, frase 1.

O analista jamais persuade o paciente a aventurar-se no terreno da sexualidade.

— Sigmund Freud, *A questão da análise leiga* (1926).

PG 76004, seção "V", parágrafo técnico 174, frase 2.

O paciente que sofre tão intensamente, que se queixa de modo tão comovente e sacrifica tanto para ser curado, na realidade não quer melhorar!

— Sigmund Freud, *A questão da análise leiga* (1926).

PG 76004, seção "Vi", parágrafo técnico 277, frase 3.

Toda análise está destinada a ser instrutiva e a produzir novos conhecimentos, além do benefício pessoal que possa proporcionar ao paciente.

— Sigmund Freud, *A questão da análise leiga* (1926).

PG 76004, seção "Vi", parágrafo técnico 287, frase 5.

Mandar um paciente para casa assim que se manifesta o desconforto de uma neurose de transferência também seria absurdo e equivaleria a covardia.

— Sigmund Freud, *A questão da análise leiga* (1926).

PG 76004, seção "Vi", parágrafo técnico 323, frase 6.

O uso indevido da análise é possível de várias maneiras; sobretudo a transferência, nas mãos de um médico sem escrúpulos, é um instrumento perigoso.

— Sigmund Freud, *Conferências introdutórias à psicanálise* (1916–1917).

PG 75810, seção "Twenty-Eighth Lecture The Analytic Therapy", parágrafo técnico 818, frase 6.

FRASE 247

A justiça exige admitir que um analista sem formação não pode causar a um paciente tanto dano quanto um cirurgião sem formação.

— Sigmund Freud, *A questão da análise leiga* (1926).

PG 76004, seção "Vii", parágrafo técnico 362, frase 1.

FRASE 248

Ainda assim, seria absurdo tentar evitá-la, pois uma análise sem transferência é impossível.

— Sigmund Freud, *A questão da análise leiga* (1926).

PG 76004, seção "Iv", parágrafo técnico 501, frase 7.

FRASE 249

A análise utiliza o sonho em duas direções, como meio de conhecer tanto os processos conscientes quanto os inconscientes do paciente.

— Sigmund Freud, *A questão da análise leiga* (1926).

PG 76004, seção "Iv", parágrafo técnico 506, frase 3.

FRASE 250

O resultado do anátema oficial contra a psicanálise foi que os analistas começaram a se aproximar uns dos outros.

— Sigmund Freud, *A questão da análise leiga* (1926).

PG 76004, seção "V", parágrafo técnico 513, frase 1.

CAPÍTULO 10

Cultura e sociedade

Freud pensou a cultura como esforço de ligação social que cobra renúncias pulsionais. Justiça, liberdade, sexualidade, culpa e agressividade aparecem como forças em tensão.

FRASE 251

As influências da civilização atuam por meio dos componentes eróticos para transformar um número cada vez maior de tendências egoístas em tendências altruístas e sociais.

— Sigmund Freud, *Considerações atuais sobre a guerra e a morte* (1915).

PG 35875, seção "The Disappointments Of War", parágrafo técnico 24, frase 3.

FRASE 252

O contraste entre atos psíquicos sociais e narcísicos — que Bleuler talvez chamasse de autísticos — situa-se inteiramente no domínio da psicologia individual e não é apropriado para distingui-la de uma psicologia social ou de grupo.

— Sigmund Freud, *Psicologia das massas e análise do eu* (1921).

PG 35877, seção "Introduction", parágrafo técnico 3, frase 2.

FRASE 253

As opiniões opostas têm origem na consideração daqueles grupos ou associações estáveis nos quais a humanidade passa a vida e que se corporificam nas instituições da sociedade.

— Sigmund Freud, *Psicologia das massas e análise do eu* (1921).

PG 35877, seção "Other Accounts Of Collective Mental Life", parágrafo técnico 44, frase 6.

FRASE 254

Essa mesma transformação, sobre a qual se erguem todos os deveres sociais, já é pressuposta pela forma seguinte de sociedade humana: o clã totêmico.

— Sigmund Freud, *Psicologia das massas e análise do eu* (1921).

PG 35877, seção "The Group And The Primal Horde", parágrafo técnico 131, frase 4.

FRASE 255

Do mesmo modo, o amor pelas mulheres rompe os vínculos grupais de raça, separação nacional e sistema de classes sociais, produzindo efeitos importantes como fator de civilização.

— Sigmund Freud, *Psicologia das massas e análise do eu* (1921).

PG 35877, seção "Postscript", parágrafo técnico 170, frase 4.

FRASE 256

É por isso que uma neurose torna sua vítima associal e a afasta das formações grupais habituais.

— Sigmund Freud, *Psicologia das massas e análise do eu* (1921).

PG 35877, seção "Postscript", parágrafo técnico 171, frase 3.

FRASE 257

A festa sacrificial era uma ocasião para transcender alegremente os próprios interesses e enfatizar a comunidade social e a comunhão com o deus.

— Sigmund Freud, *Totem e tabu* (1913).

PG 41214, seção "(B) And (C) The Origin Of Exogamy And Its Relation To Totemism", parágrafo técnico 386, frase 4.

FRASE 258

Os sentimentos sociais e fraternos em que se baseia essa grande mudança exercem, daí em diante e por longos períodos, a maior influência sobre o desenvolvimento da sociedade.

— Sigmund Freud, *Totem e tabu* (1913).

PG 41214, seção "(B) And (C) The Origin Of Exogamy And Its Relation To Totemism", parágrafo técnico 414, frase 2.

FRASE 259

Essas classes são tão manifestamente hostis à cultura que, por isso, a hostilidade mais latente das camadas sociais em melhor situação foi ignorada.

— Sigmund Freud, *O futuro de uma ilusão* (1927).

PG 76774, seção "Chapter Ii", parágrafo técnico 14, frase 6.

FRASE 260

A satisfação narcísica proporcionada pelo ideal cultural também é uma das forças que combatem eficazmente a hostilidade à cultura dentro do grupo cultural.

— Sigmund Freud, *O futuro de uma ilusão* (1927).

PG 76774, seção "Chapter Ii", parágrafo técnico 17, frase 1.

FRASE 261

Afirma-se que as próprias leis da cultura têm origem divina; elas são elevadas acima da sociedade humana e estendidas à natureza e ao universo.

— Sigmund Freud, *O futuro de uma ilusão* (1927).

PG 76774, seção "Chapter Iii", parágrafo técnico 29, frase 9.

FRASE 262

Nossa cultura se edifica sobre elas; a preservação da sociedade humana repousa na suposição de que a maioria das pessoas acredita na verdade dessas doutrinas.

— Sigmund Freud, *O futuro de uma ilusão* (1927).

PG 76774, seção "Chapter Vii", parágrafo técnico 61, frase 3.

FRASE 263

A beleza é um exemplo que mostra claramente que a cultura não tem objetivos apenas utilitários, pois a ausência de beleza é algo que não toleramos na civilização.

— Sigmund Freud, *O mal-estar na civilização* (1930).

PG 78221, seção "Iii", parágrafo técnico 55, frase 3.

FRASE 264

Talvez se possa começar afirmando que a primeira tentativa de regular essas relações sociais já continha o elemento essencial da civilização.

— Sigmund Freud, *O mal-estar na civilização* (1930).

PG 78221, seção "Iii", parágrafo técnico 57, frase 3.

FRASE 265

O primeiro requisito da cultura é, portanto, a justiça — isto é, a garantia de que uma lei, uma vez criada, não será violada em favor de indivíduo algum.

— Sigmund Freud, *O mal-estar na civilização* (1930).

PG 78221, seção "Iii", parágrafo técnico 57, frase 10.

FRASE 266

O desejo de liberdade que se faz sentir numa comunidade humana pode ser uma revolta contra uma injustiça existente e, assim, favorecer um desenvolvimento ulterior da civilização e permanecer compatível com ela.

— Sigmund Freud, *O mal-estar na civilização* (1930).

PG 78221, seção "Iii", parágrafo técnico 58, frase 4.

FRASE 267

Os diferentes tipos de cultura variam quanto à extensão dessas restrições; a estrutura material do tecido social também afeta a medida de liberdade sexual que resta.

— Sigmund Freud, *O mal-estar na civilização* (1930).

PG 78221, seção "Iv", parágrafo técnico 70, frase 4.

FRASE 268

Vimos que a cultura obedece às leis da necessidade econômica psíquica ao impor restrições, pois obtém grande parte da energia mental de que precisa subtraindo-a da sexualidade.

— Sigmund Freud, *O mal-estar na civilização* (1930).

PG 78221, seção "Iv", parágrafo técnico 70, frase 5.

FRASE 269

Se a civilização exige tais sacrifícios não só da sexualidade, mas também das tendências agressivas humanas, compreendemos melhor por que é tão difícil sentir-se feliz nela.

— Sigmund Freud, *O mal-estar na civilização* (1930).

PG 78221, seção "V", parágrafo técnico 88, frase 1.

Como a cultura obedece a um impulso erótico interno que lhe
ordena unir a humanidade numa massa estreitamente ligada,
ela só pode alcançar esse objetivo fomentando, com constante
vigilância, um sentimento de culpa cada vez maior.

— Sigmund Freud, *O mal-estar na civilização* (1930).

PG 78221, seção "Vii", parágrafo técnico 119, frase 11.

CAPÍTULO 11

Corpo, alimentação e sintomas

Este capítulo substitui o rótulo moderno "transtornos alimentares" por um recorte historicamente mais preciso: corpo, alimentação e sintomas. As hipóteses etiológicas antigas não devem ser lidas como consenso médico atual.

FRASE 271

Nas perversões que atribuem significado sexual à cavidade oral e à abertura anal, o papel desempenhado pela zona erógena é bastante evidente.

— Sigmund Freud, *Três ensaios sobre a teoria da sexualidade* (1905).

PG 14969, seção "Partial Impulses And Erogenous Zones", parágrafo técnico 113, frase 1.

FRASE 272

Uma parte do próprio lábio, a língua — outra região cutânea preferencial ao alcance — e até o dedão do pé podem ser tomados como objetos da sucção.

— Sigmund Freud, *Três ensaios sobre a teoria da sexualidade* (1905).

PG 14969, seção "The Manifestations Of The Infantile Sexuality", parágrafo técnico 166, frase 2.

FRASE 273

Mas, quando a repressão entra em ação, elas sentem repugnância pela comida e apresentam vômitos histéricos.

— Sigmund Freud, *Três ensaios sobre a teoria da sexualidade* (1905).

PG 14969, seção "The Manifestations Of The Infantile Sexuality", parágrafo técnico 170, frase 4.

FRASE 274

Muitas de minhas pacientes com perturbações alimentares — globo histérico, sensação de sufocamento e vômitos — haviam sido ávidas em chupar o dedo na infância.

— Sigmund Freud, *Três ensaios sobre a teoria da sexualidade* (1905).

PG 14969, seção "The Manifestations Of The Infantile Sexuality", parágrafo técnico 170, frase 6.

FRASE 275

Na sucção do dedo, ou sucção prazerosa, já pudemos observar as três características essenciais de uma manifestação sexual infantil.

— Sigmund Freud, *Três ensaios sobre a teoria da sexualidade* (1905).

PG 14969, seção "The Manifestations Of The Infantile Sexuality", parágrafo técnico 171, frase 1.

FRASE 276

A qualidade erógena pode aderir de modo especialmente acentuado a determinadas regiões do corpo.

— Sigmund Freud, *Três ensaios sobre a teoria da sexualidade* (1905).

PG 14969, seção "The Sexual Aim Of The Infantile Sexuality", parágrafo técnico 173, frase 1.

FRASE 277

Como mostra o exemplo da sucção do dedo, existem zonas erógenas predestinadas.

— Sigmund Freud, *Três ensaios sobre a teoria da sexualidade* (1905).

PG 14969, seção "The Sexual Aim Of The Infantile Sexuality", parágrafo técnico 173, frase 2.

FRASE 278

A criança que chupa o dedo procura em seu corpo alguma parte para a sucção prazerosa e, depois de habituar-se a ela, passa a preferi-la.

— Sigmund Freud, *Três ensaios sobre a teoria da sexualidade* (1905).

PG 14969, seção "The Sexual Aim Of The Infantile Sexuality", parágrafo técnico 173, frase 5.

FRASE 279

As crianças seriam obtidas ao comer algo especial, como nos contos de fadas, e nasceriam pelo intestino, como numa passagem.

— Sigmund Freud, *Três ensaios sobre a teoria da sexualidade* (1905).

PG 14969, seção "The Infantile Sexual Investigation", parágrafo técnico 194, frase 4.

FRASE 280

Tomemos o exemplo mais banal: se um afeto doloroso surge durante a alimentação, mas é reprimido, pode produzir náusea e vômito e persistir por meses como sintoma histérico.

— Sigmund Freud, *Textos sobre histeria e outras psiconeuroses* (1893–1905).

PG 75132, seção "I.", parágrafo técnico 6, frase 3.

FRASE 281

Assim, a dor psíquica pode resultar em neuralgia, ou o afeto de repugnância moral pode causar vômito.

— Sigmund Freud, *Textos sobre histeria e outras psiconeuroses* (1893–1905).

PG 75132, seção "I.", parágrafo técnico 7, frase 2.

FRASE 282

Um corpo estranho não estabelece ligação alguma com as camadas de tecido que o cercam, embora as altere e nelas produza uma inflamação reativa.

— Sigmund Freud, *Textos sobre histeria e outras psiconeuroses* (1893–1905).

PG 75132, seção "Iii.", parágrafo técnico 242, frase 4.

FRASE 283

A organização patogênica, na verdade, não se comporta como um corpo estranho, mas como uma infiltração.

— Sigmund Freud, *Textos sobre histeria e outras psiconeuroses* (1893–1905).

PG 75132, seção "Iii.", parágrafo técnico 242, frase 8.

FRASE 284

Se, por resistência, a paciente adia a expressão, a tensão da náusea se torna insuportável e, se a expressão não puder ser forçada, o vômito realmente ocorre.

— Sigmund Freud, *Textos sobre histeria e outras psiconeuroses* (1893–1905).

PG 75132, seção "Iii.", parágrafo técnico 260, frase 3.

FRASE 285

Ao primeiro grupo pertencem o medo de cobras, tempestades, escuridão, animais nocivos e semelhantes, bem como o escrúpulo moral excessivo e as formas da mania de dúvida.

— Sigmund Freud, *Textos sobre histeria e outras psiconeuroses* (1893–1905).

PG 75132, seção "I. Clinical Symptomatology Of Anxiety Neurosis.", parágrafo técnico 339, frase 3.

FRASE 286

Sensações como náusea e mal-estar não são raras; o sintoma de apetite desmedido, isolado ou acompanhado de outras congestões, pode servir como ataque rudimentar de angústia.

— Sigmund Freud, *Textos sobre histeria e outras psiconeuroses* (1893–1905).

PG 75132, seção "I. Clinical Symptomatology Of Anxiety Neurosis.", parágrafo técnico 343, frase 3.

FRASE 287

Num primeiro período — o período da imoralidade infantil — ocorrem os acontecimentos que contêm as sementes da neurose posterior.

— Sigmund Freud, *Textos sobre histeria e outras psiconeuroses* (1893–1905).

PG 75132, seção "Ii. The Essence And Mechanism Of Compulsion Neurosis.", parágrafo técnico 411, frase 1.

FRASE 288

Naturalmente, não é possível aliviar a fome ou a sede agudas por meio de um sonho; nesse caso, despertamos com sede e somos obrigados a beber água de verdade.

— Sigmund Freud, *Conferências introdutórias à psicanálise* (1916–1917).

PG 75810, seção "Eighth Lecture Children's Dreams", parágrafo técnico 258, frase 2.

FRASE 289

Quem provoca sede à noite comendo pratos muito condimentados no jantar provavelmente sonhará que está bebendo.

— Sigmund Freud, *Conferências introdutórias à psicanálise* (1916–1917).

PG 75810, seção "Eighth Lecture Children's Dreams", parágrafo técnico 258, frase 1.

FRASE 290

No estado de saúde, deve-se supor que os mesmos caminhos pelos quais as perturbações sexuais invadem outras funções do corpo sirvam a outra função importante.

— Sigmund Freud, *Três ensaios sobre a teoria da sexualidade* (1905).

PG 14969, seção "The Sources Of The Infantile Sexuality", parágrafo técnico 219, frase 1.

CAPÍTULO 12

Agressividade, violência e guerra

Escritos sobre guerra, hostilidade e pulsão de morte mostram o conflito entre os depósitos da civilização e a agressividade. As passagens distinguem descrição metapsicológica de justificativa moral: explicar não é aprovar.

FRASE 291

Ninguém queria acreditar nisso; mas o que se imaginava que seria uma guerra, caso ela realmente viesse a ocorrer?

— Sigmund Freud, *Considerações atuais sobre a guerra e a morte* (1915).

PG 35875, seção "The Disappointments Of War", parágrafo técnico 11, frase 2.

FRASE 292

Um Estado em guerra faz livre uso de toda injustiça e de todo ato de violência que desonrariam o indivíduo.

— Sigmund Freud, *Considerações atuais sobre a guerra e a morte* (1915).

PG 35875, seção "The Disappointments Of War", parágrafo técnico 14, frase 3.

FRASE 293

A educação e o ambiente não oferecem apenas prêmios ao amor; atuam também com incentivos de outra natureza: recompensas e punições.

— Sigmund Freud, *Considerações atuais sobre a guerra e a morte* (1915).

PG 35875, seção "The Disappointments Of War", parágrafo técnico 28, frase 3.

FRASE 294

Adotamos diante dos mortos uma atitude especial, algo próximo da admiração por quem realizou uma façanha muito difícil.

— Sigmund Freud, *Considerações atuais sobre a guerra e a morte* (1915).

PG 35875, seção "Our Attitude Towards Death", parágrafo técnico 45, frase 8.

FRASE 295

Com poucas exceções, até as relações de amor mais ternas e íntimas contêm uma parcela de hostilidade capaz de despertar um desejo inconsciente de morte.

— Sigmund Freud, *Considerações atuais sobre a guerra e a morte* (1915).

PG 35875, seção "Our Attitude Towards Death", parágrafo técnico 76, frase 4.

FRASE 296

A guerra remove as camadas posteriores da civilização e permite que o homem primitivo em nós reapareça.

— Sigmund Freud, *Considerações atuais sobre a guerra e a morte* (1915).

PG 35875, seção "Our Attitude Towards Death", parágrafo técnico 79, frase 2.

FRASE 297

Não deveríamos admitir que, em nossa atitude civilizada diante da morte, voltamos a viver psicologicamente acima de nossos recursos?

— Sigmund Freud, *Considerações atuais sobre a guerra e a morte* (1915).

PG 35875, seção "Our Attitude Towards Death", parágrafo técnico 79, frase 6.

FRASE 298

A razão pela qual a atitude afetiva diante dos governantes contém uma parcela inconsciente tão forte de hostilidade é um problema muito interessante, embora ultrapasse o alcance deste livro.

— Sigmund Freud, *Totem e tabu* (1913).

PG 41214, seção "(_B_) The Taboo Of Rulers", parágrafo técnico 160, frase 1.

FRASE 299

Seu caráter restritivo expressa o luto, mas também denuncia com clareza aquilo que tenta ocultar: a hostilidade contra os mortos, agora motivada como autodefesa.

— Sigmund Freud, *Totem e tabu* (1913).

PG 41214, seção "(_C_) The Taboo Of The Dead", parágrafo técnico 183, frase 2.

FRASE 300

Hoje nos é fácil reprimir qualquer hostilidade inconsciente que ainda possa existir contra os mortos sem esforço psíquico especial.

— Sigmund Freud, *Totem e tabu* (1913).

PG 41214, seção "(_C_) The Taboo Of The Dead", parágrafo técnico 192, frase 2.

FRASE 301

Se a morte é uma aquisição tardia da vida, então já não se pode falar em pulsões de morte remontando ao início da vida neste planeta.

— Sigmund Freud, *Além do princípio do prazer* (1920).

PG 76031, seção "Vi", parágrafo técnico 59, frase 2.

FRASE 302

A sociedade civilizada está perpetuamente ameaçada de desintegração por essa hostilidade primária dos seres humanos uns contra os outros.

— Sigmund Freud, *O mal-estar na civilização* (1930).

PG 78221, seção "V", parágrafo técnico 85, frase 2.

FRASE 303

Não foi fácil, contudo, demonstrar a atuação dessa hipotética pulsão de morte.

— Sigmund Freud, *O mal-estar na civilização* (1930).

PG 78221, seção "Vi", parágrafo técnico 95, frase 14.

FRASE 304

As manifestações de Eros eram suficientemente visíveis e audíveis; podia-se supor que a pulsão de morte atuasse silenciosamente no organismo rumo à sua desintegração, mas isso, naturalmente, não era prova.

— Sigmund Freud, *O mal-estar na civilização* (1930).

PG 78221, seção "Vi", parágrafo técnico 95, frase 15.

FRASE 305

A ideia de que uma parte da pulsão se dirigia ao mundo exterior e então se manifestava como pulsão de agressão e destruição nos levou um passo adiante.

— Sigmund Freud, *O mal-estar na civilização* (1930).

PG 78221, seção "Vi", parágrafo técnico 95, frase 16.

FRASE 306

Inversamente, qualquer interrupção desse fluxo para fora deve intensificar a autodestruição que, de todo modo, estaria sempre em curso no interior.

— Sigmund Freud, *O mal-estar na civilização* (1930).

PG 78221, seção "Vi", parágrafo técnico 95, frase 18.

FRASE 307

Os que amam contos de fadas não gostam quando se fala das tendências inatas da humanidade à agressão, à destruição e também à crueldade.

— Sigmund Freud, *O mal-estar na civilização* (1930).

PG 78221, seção "Vi", parágrafo técnico 96, frase 6.

FRASE 308

A pulsão natural de agressividade humana — a hostilidade de cada um contra todos e de todos contra cada um — opõe-se a esse programa da civilização.

— Sigmund Freud, *O mal-estar na civilização* (1930).

PG 78221, seção "Vi", parágrafo técnico 98, frase 6.

FRASE 309

Essa pulsão de agressão é o derivado e principal representante da pulsão de morte que encontramos ao lado de Eros, partilhando com ele o domínio da Terra.

— Sigmund Freud, *O mal-estar na civilização* (1930).

PG 78221, seção "Vi", parágrafo técnico 98, frase 7.

FRASE 310

Uma reflexão mais aprofundada resolveu de modo quase completo essa contradição aparentemente inconciliável; o essencial e comum aos dois casos era estarmos diante de uma agressão voltada para dentro.

— Sigmund Freud, *O mal-estar na civilização* (1930).

PG 78221, seção "Viii", parágrafo técnico 131, frase 13.

CAPÍTULO 13

Angústia, medo e perigo

As traduções antigas em inglês alternavam anxiety, fear e dread. Nesta edição, "angústia" designa o problema metapsicológico e "medo" é usado quando há referência mais direta a uma ameaça.

FRASE 311

Toda experiência que produz os afetos dolorosos de medo, angústia, vergonha ou dor psíquica pode atuar como trauma psíquico.

— Sigmund Freud, *Textos sobre histeria e outras psiconeuroses* (1893–1905).

PG 75132, seção "I.", parágrafo técnico 8, frase 3.

FRASE 312

Muitos dos objetos e das situações temidos parecem ameaçadores até para pessoas consideradas normais; têm alguma relação com o perigo, e essas fobias não são totalmente incompreensíveis, embora sua intensidade pareça muito exagerada.

— Sigmund Freud, *Conferências introdutórias à psicanálise* (1916–1917).

PG 75810, seção "Twenty-Fifth Lecture Anxiety", parágrafo técnico 726, frase 6.

FRASE 313

A angústia é, assim, a moeda corrente pela qual todos os afetos são trocados, ou podem ser trocados, quando o conteúdo ideativo correspondente está sob repressão.

— Sigmund Freud, *Conferências introdutórias à psicanálise* (1916–1917).

PG 75810, seção "Twenty-Fifth Lecture Anxiety", parágrafo técnico 736, frase 8.

FRASE 314

A hiperestesia auditiva aparece com frequência como causa de insônia, da qual mais de uma forma pertence à neurose de angústia.

— Sigmund Freud, *Textos sobre histeria e outras psiconeuroses* (1893–1905).

PG 75132, seção "I. Clinical Symptomatology Of Anxiety Neurosis.", parágrafo técnico 322, frase 5.

FRASE 315

Com muita frequência, os terrores noturnos dos adultos, geralmente acompanhados de angústia, falta de ar, suor e outros sinais, nada mais são que uma variedade do ataque de angústia.

— Sigmund Freud, *Textos sobre histeria e outras psiconeuroses* (1893–1905).

PG 75132, seção "I. Clinical Symptomatology Of Anxiety Neurosis.", parágrafo técnico 336, frase 2.

FRASE 316

O mecanismo de substituição, portanto, não se aplica às fobias da neurose de angústia.

— Sigmund Freud, *Textos sobre histeria e outras psiconeuroses* (1893–1905).

PG 75132, seção "I. Clinical Symptomatology Of Anxiety Neurosis.", parágrafo técnico 341, frase 4.

FRASE 317

Na neurose de angústia, as funções digestivas estão sujeitas a poucas perturbações, mas elas são características.

— Sigmund Freud, *Textos sobre histeria e outras psiconeuroses* (1893–1905).

PG 75132, seção "I. Clinical Symptomatology Of Anxiety Neurosis.", parágrafo técnico 343, frase 2.

FRASE 318

O medo, contudo, não tem lugar nesse esquema: tudo o que precisa ser feito será realizado tão bem — e provavelmente melhor — se o medo não se desenvolver.

— Sigmund Freud, *Conferências introdutórias à psicanálise* (1916–1917).

PG 75810, seção "Twenty-Fifth Lecture Anxiety", parágrafo técnico 719, frase 3.

FRASE 319

Os sonhos de angústia geralmente nos despertam; em regra interrompemos o sono antes que o desejo reprimido por trás do sonho vença a censura e chegue à realização completa.

— Sigmund Freud, *Conferências introdutórias à psicanálise* (1916–1917).

PG 75810, seção "Fourteenth Lecture Wish-Fulfilment", parágrafo técnico 455, frase 2.

FRASE 320

A angústia ou o medo podem realmente atingir enorme intensidade e, em consequência, provocar as precauções mais desatinadas.

— Sigmund Freud, *Conferências introdutórias à psicanálise* (1916–1917).

PG 75810, seção "Twenty-Fifth Lecture Anxiety", parágrafo técnico 715, frase 3.

FRASE 321

Somos tentados, portanto, a afirmar que o desenvolvimento da angústia nunca é conveniente; talvez uma análise mais minuciosa da situação de medo nos dê uma compreensão melhor.

— Sigmund Freud, *Conferências introdutórias à psicanálise* (1916–1917).

PG 75810, seção "Twenty-Fifth Lecture Anxiety", parágrafo técnico 720, frase 1.

FRASE 322

Não podemos dizer qual seja, para animais que não os mamíferos, o protótipo do estado de angústia; tampouco sabemos qual complexo de sensações, neles, equivale ao nosso medo.

— Sigmund Freud, *Conferências introdutórias à psicanálise* (1916–1917).

PG 75810, seção "Twenty-Fifth Lecture Anxiety", parágrafo técnico 723, frase 11.

FRASE 323

Ensina-se diretamente à criança que certas situações são perigosas, e a angústia do adulto também se acalma quando alguém o conduz através de um espaço aberto.

— Sigmund Freud, *Conferências introdutórias à psicanálise* (1916–1917).

PG 75810, seção "Twenty-Fifth Lecture Anxiety", parágrafo técnico 727, frase 6.

FRASE 324

A terceira forma assumida pela angústia neurótica nos apresenta um enigma: não há qualquer ligação visível entre a angústia e o perigo temido.

— Sigmund Freud, *Conferências introdutórias à psicanálise* (1916–1917).

PG 75810, seção "Twenty-Fifth Lecture Anxiety", parágrafo técnico 729, frase 1.

FRASE 325

Nessas condições, a excitação libidinal desaparece e a angústia surge em seu lugar, tanto como medo expectante quanto como ataques e equivalentes de angústia.

— Sigmund Freud, *Conferências introdutórias à psicanálise* (1916–1917).

PG 75810, seção "Twenty-Fifth Lecture Anxiety", parágrafo técnico 732, frase 4.

FRASE 326

Percebemos que a angústia estava oculta sob o ato obsessivo e que este era realizado apenas para escapar ao sentimento de medo.

— Sigmund Freud, *Conferências introdutórias à psicanálise* (1916–1917).

PG 75810, seção "Twenty-Fifth Lecture Anxiety", parágrafo técnico 737, frase 3.

FRASE 327

No início, a criança superestima suas forças e comporta-se sem medo porque não reconhece os perigos.

— Sigmund Freud, *Conferências introdutórias à psicanálise* (1916–1917).

PG 75810, seção "Twenty-Fifth Lecture Anxiety", parágrafo técnico 744, frase 8.

FRASE 328

A primeira produz as repressões e a conversão da libido em angústia, que então se liga a algum perigo externo.

— Sigmund Freud, *Conferências introdutórias à psicanálise* (1916–1917).

PG 75810, seção "Twenty-Fifth Lecture Anxiety", parágrafo técnico 748, frase 4.

FRASE 329

Estamos, assim, convencidos da posição inteiramente central que o problema da angústia ocupa na psicologia das neuroses.

— Sigmund Freud, *Conferências introdutórias à psicanálise* (1916–1917).

PG 75810, seção "Twenty-Fifth Lecture Anxiety", parágrafo técnico 750, frase 1.

FRASE 330

Em geral, as pessoas nervosas temem estar a caminho de alguma doença mental.

— Sigmund Freud, *A questão da análise leiga* (1926).

PG 76004, seção "Viii", parágrafo técnico 399, frase 9.

CAPÍTULO 14

Luto, melancolia e perda

*Luto, perda e transitoriedade são tratados sem reduzir toda tristeza
à doença. As passagens em alemão de "Vergänglichkeit" foram
traduzidas diretamente para esta edição.*

FRASE 331

Tudo o que, em outras circunstâncias, ele teria amado e admirado parecia-lhe desvalorizado pelo destino da transitoriedade ao qual estava condenado.

— Sigmund Freud, *Transitoriedade* (1916).

PG 29514, seção "Corpo do texto", parágrafo técnico 3, frase 4.

FRASE 332

Uma via conduz ao doloroso desencanto com o mundo do jovem poeta; a outra, à revolta contra a realidade afirmada.

— Sigmund Freud, *Transitoriedade* (1916).

PG 29514, seção "Corpo do texto", parágrafo técnico 4, frase 2.

FRASE 333

Deve ter sido a revolta psíquica contra o luto que lhes desvalorizou o prazer do belo.

— Sigmund Freud, *Transitoriedade* (1916).

PG 29514, seção "Corpo do texto", parágrafo técnico 7, frase 3.

FRASE 334

O luto pela perda de algo que amamos ou admiramos parece tão natural ao leigo que ele o considera evidente por si mesmo.

— Sigmund Freud, *Transitoriedade* (1916).

PG 29514, seção "Corpo do texto", parágrafo técnico 8, frase 1.

FRASE 335

Para o psicólogo, porém, o luto é um grande enigma, um daqueles fenômenos que não conseguimos esclarecer, mas aos quais reconduzimos outras coisas obscuras.

— Sigmund Freud, *Transitoriedade* (1916).

PG 29514, seção "Corpo do texto", parágrafo técnico 8, frase 2.

FRASE 336

Creio que os que pensam assim e parecem dispostos a uma renúncia duradoura, porque o que era precioso não se mostrou permanente, encontram-se apenas de luto pela perda.

— Sigmund Freud, *Transitoriedade* (1916).

PG 29514, seção "Corpo do texto", parágrafo técnico 10, frase 4.

FRASE 337

Sabemos que o luto, por mais doloroso que seja, chega espontaneamente ao fim.

— Sigmund Freud, *Transitoriedade* (1916).

PG 29514, seção "Corpo do texto", parágrafo técnico 10, frase 5.

FRASE 338

É de esperar que não seja diferente com as perdas desta guerra.

— Sigmund Freud, *Transitoriedade* (1916).

PG 29514, seção "Corpo do texto", parágrafo técnico 10, frase 7.

FRASE 339

Quando o luto for superado, ficará evidente que nossa elevada estima pelos bens culturais não sofreu com a experiência de sua fragilidade.

— Sigmund Freud, *Transitoriedade* (1916).

PG 29514, seção "Corpo do texto", parágrafo técnico 10, frase 8.

FRASE 340

Sepultamos com os mortos nossas esperanças, vontades e desejos; ficamos inconsoláveis e recusamos substituir nossa perda.

— Sigmund Freud, *Considerações atuais sobre a guerra e a morte* (1915).

PG 35875, seção "Our Attitude Towards Death", parágrafo técnico 46, frase 2.

FRASE 341

Nossos laços afetivos e a intensidade insuportável de nossa dor nos tornam pouco inclinados a enfrentar perigos para nós mesmos e para os que nos pertencem.

— Sigmund Freud, *Considerações atuais sobre a guerra e a morte* (1915).

PG 35875, seção "Our Attitude Towards Death", parágrafo técnico 47, frase 4.

FRASE 342

É inevitável, portanto, que busquemos compensação para a perda da vida no mundo da ficção, na literatura e no teatro.

— Sigmund Freud, *Considerações atuais sobre a guerra e a morte* (1915).

PG 35875, seção "Our Attitude Towards Death", parágrafo técnico 48, frase 1.

FRASE 343

O apagamento ou a perda do afeto ligado a uma lembrança depende de muitos fatores.

— Sigmund Freud, *Textos sobre histeria e outras psiconeuroses* (1893–1905).

PG 75132, seção "Ii.", parágrafo técnico 14, frase 1.

FRASE 344

Por que o desligamento da libido de seus objetos haveria de ser um processo tão doloroso é algo que não compreendemos e que, no momento, não podemos derivar de hipótese alguma.

— Sigmund Freud, *Transitoriedade* (1916).

PG 29514, seção "Corpo do texto", parágrafo técnico 8, frase 7.

FRASE 345

É certo que os sintomas de angústia aparecem com maior frequência ao lado dos da neurastenia, histeria, ideias obsessivas e melancolia, como ocorrência simultânea e comum.

— Sigmund Freud, *Textos sobre histeria e outras psiconeuroses* (1893–1905).

PG 75132, seção "Iv. The Relations To Other Neuroses.", parágrafo técnico 388, frase 1.

FRASE 346

Psicoses, estados confusionais e depressões acentuadas — eu diria tóxicas — são inadequados para a análise, ao menos tal como ela é praticada hoje.

— Sigmund Freud, *Textos sobre histeria e outras psiconeuroses* (1893–1905).

PG 75132, seção "Chapter Viii. On Psychotherapy.[53]", parágrafo técnico 450, frase 3.

FRASE 347

Contestei ao poeta pessimista que a transitoriedade do belo implicasse sua desvalorização.

— Sigmund Freud, *Transitoriedade* (1916).

PG 29514, seção "Corpo do texto", parágrafo técnico 5, frase 4.

FRASE 348

Declarei incompreensível que o pensamento sobre a transitoriedade do belo devesse turvar nossa alegria diante dele.

— Sigmund Freud, *Transitoriedade* (1916).

PG 29514, seção "Corpo do texto", parágrafo técnico 6, frase 4.

FRASE 349

Não pude decidir-me a negar a transitoriedade universal, nem a impor uma exceção para o belo e o perfeito.

— Sigmund Freud, *Transitoriedade* (1916).

PG 29514, seção "Corpo do texto", parágrafo técnico 5, frase 3.

FRASE 350

O luto é um protótipo e exemplo perfeito de fixação afetiva em algo passado e, como as neuroses, envolve um estado de completa alienação do presente e do futuro.

— Sigmund Freud, *Conferências introdutórias à psicanálise* (1916–1917).

PG 75810, seção "Eighteenth Lecture Fixation Upon Traumata: The Unconscious", parágrafo técnico 542, frase 4.

CAPÍTULO 15

Religião, crença e ilusão

Freud examina religião, ilusão, sentimento oceânico e autoridade cultural a partir de uma perspectiva crítica. O capítulo documenta suas teses; não pretende decidir a crença do leitor.

FRASE 351

Em geral, supõe-se que o tabu seja mais antigo que os deuses e remonte à era pré-religiosa.

— Sigmund Freud, *Totem e tabu* (1913).

PG 41214, seção "Taboo And The Ambivalence Of Emotions", parágrafo técnico 66, frase 2.

FRASE 352

Como o sacrifício pressupõe uma figura divina, estamos diante de uma inferência que parte de uma fase superior do rito religioso para sua fase inferior no totemismo.

— Sigmund Freud, *Totem e tabu* (1913).

PG 41214, seção "(B) And (C) The Origin Of Exogamy And Its Relation To Totemism", parágrafo técnico 379, frase 4.

FRASE 353

Na realidade, toda religião era assunto público; o dever religioso fazia parte da obrigação social.

— Sigmund Freud, *Totem e tabu* (1913).

PG 41214, seção "(B) And (C) The Origin Of Exogamy And Its Relation To Totemism", parágrafo técnico 386, frase 2.

FRASE 354

Há ainda outra característica fielmente preservada na religião que já aparecia, naquela época, no totemismo.

— Sigmund Freud, *Totem e tabu* (1913).

PG 41214, seção "(B) And (C) The Origin Of Exogamy And Its Relation To Totemism", parágrafo técnico 413, frase 1.

FRASE 355

Também aqui, como no caso do totemismo, a psicanálise nos aconselha a acreditar nos fiéis, que chamam Deus de pai assim como chamavam o totem de ancestral.

— Sigmund Freud, *Totem e tabu* (1913).

PG 41214, seção "(B) And (C) The Origin Of Exogamy And Its Relation To Totemism", parágrafo técnico 418, frase 3.

FRASE 356

Daí resultou a suposição evidente de que o próprio deus era o animal e de que evoluíra do animal totêmico numa fase posterior do sentimento religioso.

— Sigmund Freud, *Totem e tabu* (1913).

PG 41214, seção "(B) And (C) The Origin Of Exogamy And Its Relation To Totemism", parágrafo técnico 419, frase 6.

FRASE 357

Ao contrário, as primeiras fases do domínio das duas novas formações substitutivas do pai — deuses e reis — mostram com clareza a expressão mais enérgica daquela ambivalência característica da religião.

— Sigmund Freud, *Totem e tabu* (1913).

PG 41214, seção "(B) And (C) The Origin Of Exogamy And Its Relation To Totemism", parágrafo técnico 424, frase 2.

FRASE 358

O sacrifício anual de um deus — sendo o autossacrifício uma variante — parece ter sido um traço importante das religiões semíticas.

— Sigmund Freud, *Totem e tabu* (1913).

PG 41214, seção "(B) And (C) The Origin Of Exogamy And Its Relation To Totemism", parágrafo técnico 425, frase 2.

FRASE 359

O sentimento de estranheza que você menciona pode ser explicado, em parte, pelo fato de esse conjunto de ideias religiosas ser geralmente apresentado como revelação divina.

— Sigmund Freud, *O futuro de uma ilusão* (1927).

PG 76774, seção "Chapter Iv", parágrafo técnico 34, frase 7.

Tudo se resume à relação entre filho e pai: Deus é o pai exaltado, e o anseio pelo pai é a raiz da necessidade religiosa.

— Sigmund Freud, *O futuro de uma ilusão* (1927).

PG 76774, seção "Chapter Iv", parágrafo técnico 37, frase 4.

Chamamos uma crença de ilusão quando a realização de desejo é um fator proeminente em sua motivação e, como a própria ilusão, desconsideramos sua relação com a realidade.

— Sigmund Freud, *O futuro de uma ilusão* (1927).

PG 76774, seção "Chapter Vi", parágrafo técnico 55, frase 15.

Na realidade, são apenas tentativas de iludir a si mesmo ou aos outros, fazendo crer que ainda se permanece ligado à religião quando há muito já se rompeu com ela.

— Sigmund Freud, *O futuro de uma ilusão* (1927).

PG 76774, seção "Chapter Vi", parágrafo técnico 57, frase 8.

Ao agir assim, revestimos a proibição cultural de uma solenidade muito peculiar, mas ao mesmo tempo corremos o risco de tornar sua observância dependente da crença em Deus.

— Sigmund Freud, *O futuro de uma ilusão* (1927).

PG 76774, seção "Chapter Viii", parágrafo técnico 74, frase 3.

Primeiro, você declara que uma obra como a sua é inteiramente inofensiva: ninguém se deixará privar da fé religiosa por discussões desse tipo.

— Sigmund Freud, *O futuro de uma ilusão* (1927).

PG 76774, seção "Chapter Ix", parágrafo técnico 81, frase 2.

FRASE 365

Nem mesmo as ideias religiosas purificadas podem escapar desse destino enquanto tentarem preservar algo do consolo da religião.

— Sigmund Freud, *O futuro de uma ilusão* (1927).

PG 76774, seção "Chapter X", parágrafo técnico 96, frase 18.

FRASE 366

Se essa crença for uma ilusão, estaremos na mesma posição que você; mas a ciência nos mostrou, por numerosos e significativos êxitos, que ela não é uma ilusão.

— Sigmund Freud, *O futuro de uma ilusão* (1927).

PG 76774, seção "Chapter X", parágrafo técnico 99, frase 5.

FRASE 367

A ciência tem muitos inimigos declarados e ainda mais inimigos secretos entre os que não lhe perdoam ter enfraquecido a fé religiosa e ameaçar derrubá-la.

— Sigmund Freud, *O futuro de uma ilusão* (1927).

PG 76774, seção "Chapter X", parágrafo técnico 99, frase 6.

FRASE 368

É legítimo alguém se considerar religioso apenas com base nesse sentimento oceânico, mesmo que rejeite todas as crenças e ilusões.

— Sigmund Freud, *O mal-estar na civilização* (1930).

PG 78221, seção "I", parágrafo técnico 5, frase 6.

FRASE 369

A religião restringe essas medidas de escolha e adaptação ao impor a todos, indistintamente, seu único caminho para alcançar a felicidade e se proteger da dor.

— Sigmund Freud, *O mal-estar na civilização* (1930).

PG 78221, seção "Ii", parágrafo técnico 40, frase 1.

FRASE 370

Isso se torna especialmente claro quando o destino é visto, em sentido estritamente religioso, como expressão da vontade de Deus e nada mais.

— Sigmund Freud, *O mal-estar na civilização* (1930).

PG 78221, seção "Vii", parágrafo técnico 112, frase 10.

CAPÍTULO 16

Arte, fantasia e criação

Brincadeira, fantasia, devaneio, sublimação e criação aproximam a infância do trabalho do artista. Os textos alemães foram traduzidos diretamente; as passagens sobre Leonardo provêm da edição-fonte indicada.

FRASE 371

Nada além desse apoio na realidade distingue o brincar da criança do fantasiar.

— Sigmund Freud, *O escritor e a fantasia* (1908).

PG 28863, seção "Corpo do texto", parágrafo técnico 7, frase 7.

FRASE 372

O poeta faz o mesmo que a criança que brinca: cria um mundo de fantasia que leva muito a sério — isto é, que dota de grandes quantidades de afeto —, embora o separe nitidamente da realidade.

— Sigmund Freud, *O escritor e a fantasia* (1908).

PG 28863, seção "Corpo do texto", parágrafo técnico 8, frase 1.

FRASE 373

O fantasiar das pessoas é menos fácil de observar que o brincar das crianças.

— Sigmund Freud, *O escritor e a fantasia* (1908).

PG 28863, seção "Corpo do texto", parágrafo técnico 11, frase 1.

FRASE 374

Pode acontecer que alguém se julgue o único a formar tais fantasias e nada suspeite da ampla difusão de criações muito semelhantes entre outras pessoas.

— Sigmund Freud, *O escritor e a fantasia* (1908).

PG 28863, seção "Corpo do texto", parágrafo técnico 11, frase 4.

FRASE 375

Essa diferença de conduta entre quem brinca e quem fantasia encontra boa explicação nos motivos das duas atividades, que, no entanto, dão continuidade uma à outra.

— Sigmund Freud, *O escritor e a fantasia* (1908).

PG 28863, seção "Corpo do texto", parágrafo técnico 11, frase 5.

FRASE 376

Podemos realmente tentar comparar o poeta ao sonhador em plena luz do dia e suas criações aos devaneios?

— Sigmund Freud, *O escritor e a fantasia* (1908).

PG 28863, seção "Corpo do texto", parágrafo técnico 19, frase 2.

FRASE 377

Não esqueçam que a ênfase talvez estranha na lembrança infantil da vida do poeta deriva, em última instância, da premissa de que a criação literária, como o devaneio, é continuação e substituto da antiga brincadeira infantil.

— Sigmund Freud, *O escritor e a fantasia* (1908).

PG 28863, seção "Corpo do texto", parágrafo técnico 23, frase 2.

FRASE 378

Não deixemos de voltar àquela classe de obras em que devemos reconhecer não criações livres, mas reelaborações de materiais prontos e conhecidos.

— Sigmund Freud, *O escritor e a fantasia* (1908).

PG 28863, seção "Corpo do texto", parágrafo técnico 24, frase 1.

FRASE 379

Ainda nem tocamos no outro problema: por quais meios o poeta produz em nós os efeitos afetivos despertados por suas criações.

— Sigmund Freud, *O escritor e a fantasia* (1908).

PG 28863, seção "Corpo do texto", parágrafo técnico 25, frase 4.

FRASE 380

Diante de uma obra-prima do artista, em geral cada pessoa diz algo diferente, e ninguém diz aquilo que resolveria o enigma para o simples admirador.

— Sigmund Freud, *O Moisés de Michelangelo* (1914).

PG 30762, seção "Corpo do texto", parágrafo técnico 9, frase 3.

FRASE 381

Sei que não pode tratar-se de uma compreensão apenas intelectual; é preciso que a disposição afetiva, a constelação psíquica que forneceu ao artista a força pulsional da criação, seja novamente despertada em nós.

— Sigmund Freud, *O Moisés de Michelangelo* (1914).

PG 30762, seção "Corpo do texto", parágrafo técnico 9, frase 5.

FRASE 382

A luta dolorosa com a obra, a fuga final e a indiferença quanto ao seu destino futuro podem ser vistas em muitos artistas, mas esse comportamento aparece em Leonardo no mais alto grau.

— Sigmund Freud, *Uma lembrança de infância de Leonardo da Vinci* (1910).

PG 34300, seção "I", parágrafo técnico 9, frase 2.

FRASE 383

A peculiaridade dessa vida afetiva e sexual, considerada em relação à dupla natureza de Leonardo como artista e investigador, só pode ser compreendida de uma maneira.

— Sigmund Freud, *Uma lembrança de infância de Leonardo da Vinci* (1910).

PG 34300, seção "I", parágrafo técnico 17, frase 1.

FRASE 384

A alusão à ideia da Virgem com o Menino, formulada pelos autores e tão cara a todo artista, deve ter contribuído para que essa fantasia lhe parecesse valiosa e importante.

— Sigmund Freud, *Uma lembrança de infância de Leonardo da Vinci* (1910).

PG 34300, seção "Ii", parágrafo técnico 50, frase 3.

FRASE 385

Quando se consideram as profundas transformações que uma impressão do artista deve sofrer antes de contribuir para a obra de arte, somos obrigados a moderar muito a expectativa de demonstrar algo definido.

— Sigmund Freud, *Uma lembrança de infância de Leonardo da Vinci* (1910).

PG 34300, seção "Iv", parágrafo técnico 82, frase 4.

FRASE 386

Os jogos e saltos que Leonardo permitia à fantasia, em alguns casos, enganaram por completo seus biógrafos, que compreenderam mal essa parte de sua natureza.

— Sigmund Freud, *Uma lembrança de infância de Leonardo da Vinci* (1910).

PG 34300, seção "V", parágrafo técnico 126, frase 1.

FRASE 387

Como o talento artístico e a capacidade produtiva estão intimamente ligados à sublimação, devemos admitir que a natureza da realização artística também permanece inacessível à psicanálise.

— Sigmund Freud, *Uma lembrança de infância de Leonardo da Vinci* (1910).

PG 34300, seção "Vi", parágrafo técnico 141, frase 4.

FRASE 388

Nosso autor procede de outro modo: dirige a atenção ao inconsciente em sua própria psique, escuta suas possibilidades de desenvolvimento e lhes concede expressão artística, em vez de reprimi-las com a crítica consciente.

— Sigmund Freud, *Delírios e sonhos na Gradiva de Jensen* (1907).

PG 44917, seção "Iv", parágrafo técnico 338, frase 8.

FRASE 389

Brincar com palavras e pensamentos, motivado por certos prazeres de economia, seria assim o primeiro passo do chiste.

— Sigmund Freud, *O chiste e sua relação com o inconsciente* (1905).
PG 75915, seção "Iv The Pleasure Mechanism And The Psychogenesis Of Wit", parágrafo técnico 384, frase 6.

FRASE 390

No trabalho do sonho, a representação pelo oposto desempenha um papel muito mais importante que no chiste.

— Sigmund Freud, *O chiste e sua relação com o inconsciente* (1905).
PG 75915, seção "Vi. The Relation Of Wit To Dreams And To The Unconscious", parágrafo técnico 456, frase 1.

CAPÍTULO 17

Feminilidade, masculinidade e diferença sexual

As formulações sobre masculino, feminino e diferença sexual são historicamente situadas e várias delas são hoje contestadas. Termos anatômicos e categorias binárias foram preservados para não modernizar falsamente o texto.

FRASE 391

Além disso, verificamos com frequência que os chamados invertidos não são indiferentes aos encantos das mulheres, mas a excitação despertada pela mulher é sempre transferida a um objeto masculino.

— Sigmund Freud, *Três ensaios sobre a teoria da sexualidade* (1905).
PG 14969, seção "Reference To The Infantilism Of Sexuality", parágrafo técnico 134, frase 3.

FRASE 392

De acordo com a expectativa infantil, o genital feminino foi imaginado como um genital masculino.

— Sigmund Freud, *Três ensaios sobre a teoria da sexualidade* (1905).
PG 14969, seção "Reference To The Infantilism Of Sexuality", parágrafo técnico 142, frase 7.

FRASE 393

Referimo-nos às relações encontradas na criança, na mulher e no homem castrado.

— Sigmund Freud, *Três ensaios sobre a teoria da sexualidade* (1905).
PG 14969, seção "The Problem Of Sexual Excitement", parágrafo técnico 260, frase 3.

FRASE 394

A principal zona erógena da menina é o clitóris, homólogo ao pênis masculino.

— Sigmund Freud, *Três ensaios sobre a teoria da sexualidade* (1905).
PG 14969, seção "Differentiation Between Man And Woman", parágrafo técnico 269, frase 2.

FRASE 395

Com poucas exceções, duvido que a menina possa ser seduzida a algo além da masturbação clitoriana.

— Sigmund Freud, *Três ensaios sobre a teoria da sexualidade* (1905).
PG 14969, seção "Differentiation Between Man And Woman", parágrafo técnico 269, frase 4.

FRASE 396

Masculino e feminino são usados ora no sentido de atividade e passividade, ora no sentido biológico e ainda no sentido sociológico.

— Sigmund Freud, *Três ensaios sobre a teoria da sexualidade* (1905).
PG 14969, seção "Summary", parágrafo técnico 304, frase 2.

FRASE 397

O segundo, o significado biológico de masculino e feminino, é o que permite a determinação mais clara.

— Sigmund Freud, *Três ensaios sobre a teoria da sexualidade* (1905).
PG 14969, seção "Summary", parágrafo técnico 304, frase 5.

FRASE 398

Masculino e feminino são aqui caracterizados pela presença de sêmen ou óvulo e pelas funções que deles emanam.

— Sigmund Freud, *Três ensaios sobre a teoria da sexualidade* (1905).
PG 14969, seção "Summary", parágrafo técnico 304, frase 6.

FRASE 399

O terceiro, o significado sociológico, recebe seu conteúdo da observação dos indivíduos masculinos e femininos realmente existentes.

— Sigmund Freud, *Três ensaios sobre a teoria da sexualidade* (1905).
PG 14969, seção "Summary", parágrafo técnico 304, frase 8.

FRASE 400

Sabe-se que a diferenciação nítida dos caracteres masculino e feminino se origina na puberdade, e a diferença daí resultante influencia decisivamente o desenvolvimento posterior da personalidade mais que qualquer outro fator.

— Sigmund Freud, *Três ensaios sobre a teoria da sexualidade* (1905).

PG 14969, seção "Differentiation Between Man And Woman", parágrafo técnico 267, frase 1.

FRASE 401

A reverência fetichista pelo pé e pelo sapato femininos parece tomar o pé apenas como símbolo substitutivo do membro da mulher antes venerado e depois considerado ausente.

— Sigmund Freud, *Uma lembrança de infância de Leonardo da Vinci* (1910).

PG 34300, seção "Iii", parágrafo técnico 60, frase 6.

FRASE 402

Em nenhum homem ou mulher de formação considerada normal faltam vestígios do aparelho do outro sexo; eles permanecem como órgãos rudimentares sem função ou se transformam para assumir outras funções.

— Sigmund Freud, *Três ensaios sobre a teoria da sexualidade* (1905).

PG 14969, seção "1. Deviation In Reference To The Sexual Object", parágrafo técnico 43, frase 3.

FRASE 403

Em outra ocasião, um símbolo geralmente masculino pode ser empregado para designar o órgão sexual feminino, ou vice-versa.

— Sigmund Freud, *Conferências introdutórias à psicanálise* (1916–1917).

PG 75810, seção "Tenth Lecture Symbolism In Dreams", parágrafo técnico 308, frase 4.

FRASE 404

Assim, no uso simbólico da madeira para representar a mulher ou a mãe, temos a sobrevivência dessa antiga ideia.

— Sigmund Freud, *Conferências introdutórias à psicanálise* (1916–1917).

PG 75810, seção "Tenth Lecture Symbolism In Dreams", parágrafo técnico 317, frase 8.

FRASE 405

O fato da existência de dois sexos costuma ser inicialmente aceito pela criança sem luta nem hesitação.

— Sigmund Freud, *Três ensaios sobre a teoria da sexualidade* (1905).

PG 14969, seção "The Infantile Sexual Investigation", parágrafo técnico 191, frase 5.

FRASE 406

Isso contém uma nova contradição à crença popular de que um ser humano é ou homem ou mulher.

— Sigmund Freud, *Três ensaios sobre a teoria da sexualidade* (1905).

PG 14969, seção "1. Deviation In Reference To The Sexual Object", parágrafo técnico 42, frase 2.

FRASE 407

Vasos de flores e jarras, como todos os recipientes, também são símbolos dos genitais femininos.

— Sigmund Freud, *Conferências introdutórias à psicanálise* (1916–1917).

PG 75810, seção "Seventeenth Lecture The Meaning Of Symptoms", parágrafo técnico 527, frase 7.

FRASE 408

Os genitais dessas pessoas reúnem características masculinas e femininas — hermafroditismo.

— Sigmund Freud, *Três ensaios sobre a teoria da sexualidade* (1905).

PG 14969, seção "1. Deviation In Reference To The Sexual Object", parágrafo técnico 42, frase 4.

FRASE 409

Nos sonhos, o órgão genital masculino é representado simbolicamente de muitas maneiras, e na maioria delas a ideia comum subjacente à comparação é facilmente reconhecível.

— Sigmund Freud, *Conferências introdutórias à psicanálise* (1916–1917).

PG 75810, seção "Tenth Lecture Symbolism In Dreams", parágrafo técnico 302, frase 1.

FRASE 410

Nas mulheres chamadas sexualmente anestésicas, o clitóris reteve obstinadamente essa sensibilidade.

— Sigmund Freud, *Conferências introdutórias à psicanálise* (1916–1917).

PG 75810, seção "Twentieth Lecture The Sexual Life Of Man", parágrafo técnico 603, frase 11.

CAPÍTULO 18

Atos falhos, memória e vida cotidiana

Esquecimentos, lapsos, erros de memória e atos casuais interessam a Freud porque podem revelar interferências de pensamentos inconscientes. A seleção evita máximas apócrifas e conserva o encadeamento conceitual das fontes.

FRASE 411

É ainda mais notável, como observa Strümpell, que, apesar de todas essas razões para esquecer o sonho, tantos sonhos sejam conservados na memória.

— Sigmund Freud, *A interpretação dos sonhos* (1900).

PG 66048, seção "I The Scientific Literature On The Problems Of The Dream[D]", parágrafo técnico 118, frase 1.

FRASE 412

O sonho levou consigo ao esquecimento o resultado do trabalho de interpretação com mais frequência do que a atividade mental conseguiu conservar o próprio sonho na memória.

— Sigmund Freud, *A interpretação dos sonhos* (1900).

PG 66048, seção "Vii The Psychology Of The Dream Activities", parágrafo técnico 994, frase 4.

FRASE 413

Isso basta quanto à diversidade e à relação interna entre os dois paradigmas do esquecimento de nomes.

— Sigmund Freud, *Psicopatologia da vida cotidiana* (1901).

PG 67332, seção "Forgetting Of Foreign Words", parágrafo técnico 50, frase 1.

FRASE 414

Numa conversa entre duas pessoas, a simples menção, por uma delas, de ter esquecido certo nome muitas vezes basta para provocar na outra o mesmo lapso de memória.

— Sigmund Freud, *Psicopatologia da vida cotidiana* (1901).

PG 67332, seção "Ode To Apollo", parágrafo técnico 133, frase 3.

FRASE 415

Há também um esquecimento contínuo de nomes, no qual cadeias inteiras de nomes são retiradas da memória.

— Sigmund Freud, *Psicopatologia da vida cotidiana* (1901).

PG 67332, seção "Ode To Apollo", parágrafo técnico 134, frase 1.

FRASE 416

No esquecimento de um nome, a função da memória não falta: ela se manifesta sob a forma de um nome substituto.

— Sigmund Freud, *Psicopatologia da vida cotidiana* (1901).

PG 67332, seção "Childhood And Concealing Memories", parágrafo técnico 139, frase 3.

FRASE 417

A formação de uma lembrança encobridora depende do esquecimento de outras impressões importantes.

— Sigmund Freud, *Psicopatologia da vida cotidiana* (1901).

PG 67332, seção "Childhood And Concealing Memories", parágrafo técnico 139, frase 4.

FRASE 418

Os lapsos de fala são, em grande medida, contagiosos; Meringer e Mayer observaram peculiaridade semelhante no esquecimento de nomes.

— Sigmund Freud, *Psicopatologia da vida cotidiana* (1901).

PG 67332, seção "Mistakes In Speech", parágrafo técnico 172, frase 5.

FRASE 419

Quase exatamente como no esquecimento de nomes, lembranças defeituosas podem surgir no esquecimento de impressões e, quando recebem crédito, podem ser chamadas de ilusões de memória.

— Sigmund Freud, *Psicopatologia da vida cotidiana* (1901).

PG 67332, seção "A. Forgetting Of Impressions And Knowledge.", parágrafo técnico 304, frase 1.

FRASE 420

Os erros de memória distinguem-se do esquecimento e das falsas lembranças por uma única característica: o erro — a falsa lembrança — não é reconhecido como tal, mas recebe crédito.

— Sigmund Freud, *Psicopatologia da vida cotidiana* (1901).

PG 67332, seção "Errors", parágrafo técnico 472, frase 1.

FRASE 421

O oposto do erro de memória, nesse sentido, é constituído pela ignorância.

— Sigmund Freud, *Psicopatologia da vida cotidiana* (1901).

PG 67332, seção "Errors", parágrafo técnico 472, frase 4.

FRASE 422

O esquecimento salta, assim, de um nome a outro, como se quisesse demonstrar a existência de um obstáculo que não se remove facilmente.

— Sigmund Freud, *Psicopatologia da vida cotidiana* (1901).

PG 67332, seção "Ode To Apollo", parágrafo técnico 134, frase 3.

FRASE 423

Conhecemos um segundo mecanismo do esquecimento: a perturbação do pensamento por uma contradição interna proveniente da repressão.

— Sigmund Freud, *Psicopatologia da vida cotidiana* (1901).

PG 67332, seção "Forgetting Of Foreign Words", parágrafo técnico 50, frase 2.

FRASE 424

O esquecimento temporário de um nome é observado como a ação falha mais frequente de nossas funções mentais.

— Sigmund Freud, *Psicopatologia da vida cotidiana* (1901).

PG 67332, seção "Ode To Apollo", parágrafo técnico 132, frase 1.

FRASE 425

Permanecem nesse grupo os casos de esquecimento e os erros apesar do melhor conhecimento: lapsos ao falar, ler e escrever, ações realizadas de modo equivocado e os chamados atos casuais.

— Sigmund Freud, *Psicopatologia da vida cotidiana* (1901).

PG 67332, seção "Points Of View.", parágrafo técnico 522, frase 1.

FRASE 426

O mecanismo do esquecimento — ou, mais precisamente, da perda ou do esquecimento temporário de um nome — consiste na perturbação de sua reprodução pretendida por uma corrente de pensamento estranha e então inconsciente.

— Sigmund Freud, *Psicopatologia da vida cotidiana* (1901).

PG 67332, seção "Ode To Apollo", parágrafo técnico 127, frase 1.

FRASE 427

Nossa explicação trata apenas dos casos em que o esquecimento nos surpreende por contrariar a regra segundo a qual o irrelevante é esquecido e o importante é protegido pela memória.

— Sigmund Freud, *Psicopatologia da vida cotidiana* (1901).

PG 67332, seção "Points Of View.", parágrafo técnico 621, frase 2.

FRASE 428

Em geral, distinguem-se dois casos principais de esquecimento de nomes: quando o próprio nome toca algo desagradável ou quando se liga a outras associações influenciadas por esse tipo de afeto.

— Sigmund Freud, *Psicopatologia da vida cotidiana* (1901).

PG 67332, seção "Ode To Apollo", parágrafo técnico 131, frase 1.

FRASE 429

A confusão de impressões análogas é um dos primeiros passos do esquecimento.

— Sigmund Freud, *O chiste e sua relação com o inconsciente* (1905).

PG 75915, seção "Chapter Xvii.", parágrafo técnico 651, frase 3.

Ao fazer isso, não devemos esquecer de levar em conta a deformação produzida pela censura, que ainda atua nas psicoses.

— Sigmund Freud, *O chiste e sua relação com o inconsciente* (1905).

PG 75915, seção "Chapter Xvii.", parágrafo técnico 653, frase 1.

CAPÍTULO 19

Infância e desenvolvimento

A infância aparece como tempo de constituição, esquecimento e conflito. Afirmações universais e hipóteses causais devem ser avaliadas à luz do estágio histórico da teoria e do conhecimento posterior.

FRASE 431

Pode-se observar que elas surgem quase espontaneamente, no tempo próprio do desenvolvimento individual, ao chamado da educação e da influência.

— Sigmund Freud, *Três ensaios sobre a teoria da sexualidade* (1905).

PG 14969, seção "Reference To The Infantilism Of Sexuality", parágrafo técnico 146, frase 2.

FRASE 432

Um estudo abrangente das manifestações sexuais da infância provavelmente nos revelaria os traços essenciais da pulsão sexual e nos familiarizaria com seu desenvolvimento e sua composição a partir de diversas fontes.

— Sigmund Freud, *Três ensaios sobre a teoria da sexualidade* (1905).

PG 14969, seção "The Infantile Sexuality", parágrafo técnico 152, frase 3.

FRASE 433

Na realidade, porém, esse desenvolvimento é organicamente determinado e pode ocasionalmente ocorrer sem o auxílio da educação.

— Sigmund Freud, *Três ensaios sobre a teoria da sexualidade* (1905).

PG 14969, seção "The Sexual Latency Period Of Childhood And Its Interruptions", parágrafo técnico 161, frase 4.

FRASE 434

Por outro lado, temos a impressão de que a existência do amor na infância não necessita de demonstração.

— Sigmund Freud, *Três ensaios sobre a teoria da sexualidade* (1905).

PG 14969, seção "The Sources Of The Infantile Sexuality", parágrafo técnico 221, frase 10.

FRASE 435

Os preparativos da segunda metade da infância — dos oito anos à puberdade — realmente parecem favorecer isso.

— Sigmund Freud, *Três ensaios sobre a teoria da sexualidade* (1905).
PG 14969, seção "The Primacy Of The Genital Zones And The Fore-Pleasure", parágrafo técnico 256, frase 2.

FRASE 436

Nas fantasias de todas as pessoas, as inclinações infantis, agora reforçadas pela ênfase somática, reaparecem; entre elas encontra-se regularmente, em primeiro lugar, o sentimento sexual da criança pelos pais.

— Sigmund Freud, *Três ensaios sobre a teoria da sexualidade* (1905).
PG 14969, seção "The Object-Finding", parágrafo técnico 276, frase 2.

FRASE 437

Fomos assim obrigados a perceber, em todo desvio fixo da vida sexual considerada normal, um fragmento de desenvolvimento inibido e de infantilismo.

— Sigmund Freud, *Três ensaios sobre a teoria da sexualidade* (1905).
PG 14969, seção "Summary", parágrafo técnico 281, frase 8.

FRASE 438

Não pudemos determinar que quantidade de atividade sexual na infância poderia ser considerada normal a ponto de não admitir desenvolvimento posterior.

— Sigmund Freud, *Três ensaios sobre a teoria da sexualidade* (1905).
PG 14969, seção "Summary", parágrafo técnico 284, frase 1.

FRASE 439

Podemos ter a impressão de que a construção dessas barreiras na criança civilizada é obra da educação; e certamente a educação contribui muito para isso.

— Sigmund Freud, *Três ensaios sobre a teoria da sexualidade* (1905).
PG 14969, seção "The Sexual Latency Period Of Childhood And Its Interruptions", parágrafo técnico 161, frase 3.

FRASE 440

Consideramos esse processo comprovado quando a história infantil ou a história do desenvolvimento psíquico de uma pessoa mostra que, na infância, essa poderosa pulsão estava a serviço do interesse sexual.

— Sigmund Freud, *Uma lembrança de infância de Leonardo da Vinci* (1910).

PG 34300, seção "I", parágrafo técnico 30, frase 3.

FRASE 441

Refiro-me à peculiar amnésia que encobre, para a maioria das pessoas — não para todas —, os primeiros anos da infância, geralmente os seis ou oito primeiros.

— Sigmund Freud, *Três ensaios sobre a teoria da sexualidade* (1905).

PG 14969, seção "The Infantile Sexuality", parágrafo técnico 154, frase 2.

FRASE 442

Aquilo que uma pessoa acredita recordar de sua infância não é de natureza indiferente.

— Sigmund Freud, *Uma lembrança de infância de Leonardo da Vinci* (1910).

PG 34300, seção "Ii", parágrafo técnico 38, frase 6.

FRASE 443

Vemos que esses sonhos infantis não são desprovidos de sentido; são atos psíquicos completos e compreensíveis.

— Sigmund Freud, *Conferências introdutórias à psicanálise* (1916–1917).

PG 75810, seção "Eighth Lecture Children's Dreams", parágrafo técnico 246, frase 2.

FRASE 444

Todas essas barreiras não existem desde o início; são construídas gradualmente no curso do desenvolvimento e da educação.

— Sigmund Freud, *Conferências introdutórias à psicanálise* (1916–1917).

PG 75810, seção "Thirteenth Lecture Archaic And Infantile Features In Dreams", parágrafo técnico 442, frase 6.

FRASE 445

Estamos preparados, pela discussão anterior, para concluir que o desejo de morte dirigido aos pais deve ser explicado por referência à primeira infância.

— Sigmund Freud, *A interpretação dos sonhos* (1900).

PG 66048, seção "V The Material And Sources Of Dreams", parágrafo técnico 548, frase 3.

FRASE 446

A maioria dos sinais dessas inclinações infantis costuma passar despercebida; alguns podem ser observados mesmo depois dos primeiros anos da infância.

— Sigmund Freud, *A interpretação dos sonhos* (1900).

PG 66048, seção "V The Material And Sources Of Dreams", parágrafo técnico 550, frase 1.

FRASE 447

A teoria das psiconeuroses afirma com inteira certeza que somente sentimentos de desejo sexual da vida infantil sofrem repressão — transformação afetiva — durante o período de desenvolvimento da infância.

— Sigmund Freud, *A interpretação dos sonhos* (1900).

PG 66048, seção "Vii The Psychology Of The Dream Activities", parágrafo técnico 1130, frase 1.

FRASE 448

Na maioria dos casos, foi escolhida uma fase muito precoce da história de vida: um período da infância, até mesmo — por absurdo que pareça — a época em que se era bebê de colo.

— Sigmund Freud, *Conferências introdutórias à psicanálise* (1916–1917).

PG 75810, seção "Eighteenth Lecture Fixation Upon Traumata: The Unconscious", parágrafo técnico 539, frase 7.

FRASE 449

A maioria das experiências e excitações psíquicas anteriores ao período de latência sucumbe então à amnésia infantil, que encobre nossa primeira infância e nos torna estranhos a ela.

— Sigmund Freud, *Conferências introdutórias à psicanálise* (1916–1917).

PG 75810, seção "Twenty-First Lecture Development Of The Libido And Sexual Organizations", parágrafo técnico 619, frase 3.

FRASE 450

Para começar, a observação mostra, de maneira que exclui toda dúvida, que as experiências infantis têm importância própria, já demonstrada durante a infância.

— Sigmund Freud, *Conferências introdutórias à psicanálise* (1916–1917).

PG 75810, seção "Twenty-Third Lecture The Paths Of Symptom-Formation", parágrafo técnico 675, frase 4.

CAPÍTULO 20

Sexualidade infantil e perversões

"Perversão" é mantida como categoria histórica dos textos de 1905–1917, não como insulto nem diagnóstico atual. O capítulo evidencia também a crítica de Freud ao uso pejorativo do termo e a origem infantil comum que ele propunha para diferentes destinos da sexualidade.

FRASE 451

Certas relações intermediárias com o objeto sexual ligadas à cópula, como tocar e olhar, são reconhecidas como preliminares ao alvo sexual.

— Sigmund Freud, *Três ensaios sobre a teoria da sexualidade* (1905).
PG 14969, seção "2. Deviation In Reference To The Sexual Aim", parágrafo técnico 61, frase 4.

FRASE 452

Quando as condições são favoráveis, uma perversão desse tipo pode, por muito tempo, substituir o alvo sexual considerado normal numa pessoa normal, ou ser colocada ao lado dele.

— Sigmund Freud, *Três ensaios sobre a teoria da sexualidade* (1905).
PG 14969, seção "3. General Statements Applicable To All Perversions", parágrafo técnico 90, frase 4.

FRASE 453

Em nenhuma pessoa normal falta ao alvo sexual normal algum elemento designável como perverso; essa universalidade basta para provar a impropriedade do uso pejorativo do nome perversão.

— Sigmund Freud, *Três ensaios sobre a teoria da sexualidade* (1905).
PG 14969, seção "3. General Statements Applicable To All Perversions", parágrafo técnico 90, frase 5.

FRASE 454

Ainda assim, a qualidade do novo alvo sexual em algumas dessas perversões exige atenção especial.

— Sigmund Freud, *Três ensaios sobre a teoria da sexualidade* (1905).
PG 14969, seção "3. General Statements Applicable To All Perversions", parágrafo técnico 91, frase 1.

FRASE 455

Na maioria dos casos, encontramos o caráter mórbido da perversão não no conteúdo do novo alvo sexual, mas em sua relação com o normal.

— Sigmund Freud, *Três ensaios sobre a teoria da sexualidade* (1905).
PG 14969, seção "3. General Statements Applicable To All Perversions", parágrafo técnico 92, frase 1.

FRASE 456

Assim, apenas o pé sujo e malcheiroso é o objeto sexual na perversão correspondente ao fetichismo do pé.

— Sigmund Freud, *Três ensaios sobre a teoria da sexualidade* (1905).
PG 14969, seção "Reference To The Infantilism Of Sexuality", parágrafo técnico 142, frase 3.

FRASE 457

Além delas, há outras pulsões parciais que atuam de maneira autoerótica.

— Sigmund Freud, *Três ensaios sobre a teoria da sexualidade* (1905).
PG 14969, seção "The Infantile Sexual Investigation", parágrafo técnico 201, frase 4.

FRASE 458

Até então, a pulsão sexual era predominantemente autoerótica; agora ela encontra o objeto sexual.

— Sigmund Freud, *Três ensaios sobre a teoria da sexualidade* (1905).
PG 14969, seção "The Transformation Of Puberty", parágrafo técnico 244, frase 2.

FRASE 459

A normalidade da vida sexual só é assegurada pela convergência exata das duas correntes dirigidas ao objeto sexual e ao alvo sexual.

— Sigmund Freud, *Três ensaios sobre a teoria da sexualidade* (1905).
PG 14969, seção "The Transformation Of Puberty", parágrafo técnico 244, frase 6.

FRASE 460

Um deslocamento enérgico da repressão pôs fim a esse excesso infantil e estabeleceu as disposições que se manifestaram nos anos da puberdade.

— Sigmund Freud, *Uma lembrança de infância de Leonardo da Vinci* (1910).
PG 34300, seção "Vi", parágrafo técnico 135, frase 1.

FRASE 461

Nossa atenção é chamada para o fato de termos suposto uma ligação estreita demais entre a pulsão sexual e o objeto sexual.

— Sigmund Freud, *Três ensaios sobre a teoria da sexualidade* (1905).
PG 14969, seção "1. Deviation In Reference To The Sexual Object", parágrafo técnico 55, frase 2.

FRASE 462

Além disso, é uma característica comum a todas as perversões que nelas a reprodução seja deixada de lado como objetivo.

— Sigmund Freud, *Conferências introdutórias à psicanálise* (1916–1917).
PG 75810, seção "Twentieth Lecture The Sexual Life Of Man", parágrafo técnico 601, frase 12.

FRASE 463

A elaboração científica dos fenômenos físicos e psíquicos da sexualidade infantil ainda está em seus estágios iniciais.

— Sigmund Freud, *Três ensaios sobre a teoria da sexualidade* (1905).
PG 14969, seção "The Sources Of The Infantile Sexuality", parágrafo técnico 221, frase 3.

FRASE 464

Por mais inconfundíveis que sejam nos anos posteriores da infância, as manifestações da sexualidade infantil em suas formas mais precoces parecem dissipar-se de modo indefinível.

— Sigmund Freud, *Conferências introdutórias à psicanálise* (1916–1917).

PG 75810, seção "Twenty-First Lecture Development Of The Libido And Sexual Organizations", parágrafo técnico 608, frase 3.

FRASE 465

As perversões sexuais nos adultos, por outro lado, são algo definido e inequívoco.

— Sigmund Freud, *Conferências introdutórias à psicanálise* (1916–1917).

PG 75810, seção "Twenty-First Lecture Development Of The Libido And Sexual Organizations", parágrafo técnico 608, frase 8.

FRASE 466

A esse respeito, não há diferença entre sexualidade perversa e normal, exceto porque a pulsão componente dominante — e, portanto, o alvo sexual — é diferente.

— Sigmund Freud, *Conferências introdutórias à psicanálise* (1916–1917).

PG 75810, seção "Twenty-First Lecture Development Of The Libido And Sexual Organizations", parágrafo técnico 615, frase 3.

FRASE 467

Tanto a ausência dessa concentração na infância quanto sua presença no adulto correspondem ao fato de a sexualidade normal e a perversa derivarem da mesma fonte: a sexualidade infantil.

— Sigmund Freud, *Conferências introdutórias à psicanálise* (1916–1917).

PG 75810, seção "Twenty-First Lecture Development Of The Libido And Sexual Organizations", parágrafo técnico 615, frase 6.

FRASE 468

Há casos de perversão que correspondem ainda mais de perto à sexualidade infantil, pois numerosas pulsões componentes, independentes umas das outras e com seus próprios alvos, desenvolveram-se — ou, melhor, perpetuaram-se — neles.

— Sigmund Freud, *Conferências introdutórias à psicanálise* (1916–1917).

PG 75810, seção "Twenty-First Lecture Development Of The Libido And Sexual Organizations", parágrafo técnico 615, frase 7.

FRASE 469

Nesses casos, é mais correto falar em infantilismo do que em perversão da vida sexual.

— Sigmund Freud, *Conferências introdutórias à psicanálise* (1916–1917).

PG 75810, seção "Twenty-First Lecture Development Of The Libido And Sexual Organizations", parágrafo técnico 615, frase 8.

FRASE 470

Uma regressão da libido sem repressão jamais produziria uma neurose; resultaria numa perversão.

— Sigmund Freud, *Conferências introdutórias à psicanálise* (1916–1917).

PG 75810, seção "Twenty-Second Lecture Aspects Of Development And Regression. Ætiology", parágrafo técnico 645, frase 5.

CAPÍTULO 21

Homossexualidade e inversão sexual

Os termos "inversão" e "invertido" pertencem ao vocabulário sexual e médico da época. Não são adotados pela edição como linguagem atual. A homossexualidade não é doença nas classificações contemporâneas; estas passagens são documentos da história da teoria.

FRASE 471

Também se observou uma oscilação periódica entre o objeto sexual considerado normal e o invertido.

— Sigmund Freud, *Três ensaios sobre a teoria da sexualidade* (1905).
PG 14969, seção "1. Deviation In Reference To The Sexual Object", parágrafo técnico 27, frase 3.

FRASE 472

A inversão é encontrada em pessoas que, em outros aspectos, não mostram desvio marcante do que se considera normal.

— Sigmund Freud, *Três ensaios sobre a teoria da sexualidade* (1905).
PG 14969, seção "1. Deviation In Reference To The Sexual Object", parágrafo técnico 33, frase 2.

FRASE 473

Diante de tudo isso, a existência de uma inversão congênita pode certamente ser questionada.

— Sigmund Freud, *Três ensaios sobre a teoria da sexualidade* (1905).
PG 14969, seção "1. Deviation In Reference To The Sexual Object", parágrafo técnico 39, frase 1.

FRASE 474

Supõe-se que Gley tenha sido o primeiro a mencionar a bissexualidade como explicação da inversão.

— Sigmund Freud, *Três ensaios sobre a teoria da sexualidade* (1905).
PG 14969, seção "Reference To The Infantilism Of Sexuality", parágrafo técnico 133, frase 2.

FRASE 475

Não é a atividade real, mas a natureza do sentimento, que nos leva a decidir se atribuiremos a alguém a característica da homossexualidade.

— Sigmund Freud, *Uma lembrança de infância de Leonardo da Vinci* (1910).

PG 34300, seção "Ii", parágrafo técnico 42, frase 6.

FRASE 476

A psicanálise oferece meios de preencher essa lacuna e de pôr à prova as afirmações das pessoas homossexuais.

— Sigmund Freud, *Uma lembrança de infância de Leonardo da Vinci* (1910).

PG 34300, seção "Iii", parágrafo técnico 64, frase 3.

FRASE 477

Estamos longe de exagerar a importância dessas explicações sobre a gênese psíquica da homossexualidade.

— Sigmund Freud, *Uma lembrança de infância de Leonardo da Vinci* (1910).

PG 34300, seção "Iii", parágrafo técnico 67, frase 1.

FRASE 478

Como se sabe, a preferência pela homossexualidade só se manifestou perto dos anos da puberdade.

— Sigmund Freud, *Uma lembrança de infância de Leonardo da Vinci* (1910).

PG 34300, seção "V", parágrafo técnico 112, frase 4.

FRASE 479

As diferenças entre a homossexualidade manifesta e a atitude considerada normal não são por isso abolidas; sua importância prática permanece, mas seu valor teórico é consideravelmente reduzido.

— Sigmund Freud, *Conferências introdutórias à psicanálise* (1916–1917).

PG 75810, seção "Twentieth Lecture The Sexual Life Of Man", parágrafo técnico 590, frase 6.

FRASE 480

Por que não reconhecer que, em muitos adultos, tanto homossexuais quanto heterossexuais, o ânus assume de fato o papel desempenhado pela vagina na relação sexual?

— Sigmund Freud, *Conferências introdutórias à psicanálise* (1916–1917).

PG 75810, seção "Twentieth Lecture The Sexual Life Of Man", parágrafo técnico 601, frase 5.

CAPÍTULO 22

Relação analítica e transferência

A transferência é apresentada simultaneamente como resistência, vínculo afetivo e instrumento de tratamento. A assimetria da relação exige formação, responsabilidade e limites éticos — questões que o leitor contemporâneo deve manter em vista.

FRASE 481

Grande parte dos pacientes adequados a esse tratamento afasta-se do médico assim que percebe a direção de suas investigações; para eles, o médico continua sendo um estranho.

— Sigmund Freud, *Textos sobre histeria e outras psiconeuroses* (1893–1905).

PG 75132, seção "I.", parágrafo técnico 197, frase 8.

FRASE 482

Os pacientes também aprenderam gradualmente que, nessas transferências para a pessoa do médico, em geral lidavam com uma força ou um engano que desaparecia quando a análise era concluída.

— Sigmund Freud, *Textos sobre histeria e outras psiconeuroses* (1893–1905).

PG 75132, seção "Iii.", parágrafo técnico 275, frase 7.

FRASE 483

Sem dúvida, o método psicanalítico exige muito tanto do paciente quanto do médico.

— Sigmund Freud, *Textos sobre histeria e outras psiconeuroses* (1893–1905).

PG 75132, seção "Chapter Viii. On Psychotherapy.[53]", parágrafo técnico 447, frase 3.

FRASE 484

No tratamento psicanalítico, nada acontece além de uma troca
de palavras entre paciente e médico.

— Sigmund Freud, *Conferências introdutórias à psicanálise*
(1916–1917).

PG 75810, seção "First Lecture Introduction", parágrafo técnico 10, frase 2.

FRASE 485

Com isso queremos dizer uma transferência de sentimentos
para a pessoa do médico, pois não acreditamos que a situação
do tratamento explique a origem de tais sentimentos.

— Sigmund Freud, *Conferências introdutórias à psicanálise*
(1916–1917).

PG 75810, seção "Twenty-Seventh Lecture Transference", parágrafo técnico 785,
frase 2.

FRASE 486

Devemos reconhecer desde logo que a transferência existe no
paciente desde o início do tratamento e, por algum tempo, é o
mais forte impulso para o trabalho.

— Sigmund Freud, *Conferências introdutórias à psicanálise*
(1916–1917).

PG 75810, seção "Twenty-Seventh Lecture Transference", parágrafo técnico 787,
frase 1.

FRASE 487

O tratamento analítico exige tanto esforço do paciente quanto
do médico: esforços para abolir as resistências internas.

— Sigmund Freud, *Conferências introdutórias à psicanálise*
(1916–1917).

PG 75810, seção "Twenty-Eighth Lecture The Analytic Therapy", parágrafo
técnico 801, frase 6.

FRASE 488

Ela é usada para induzir o paciente a realizar um trabalho
psíquico — superar suas resistências de transferência — que
envolve uma alteração permanente em sua economia psíquica.

— Sigmund Freud, *A questão da análise leiga* (1926).

PG 76004, seção "Iv", parágrafo técnico 502, frase 3.

FRASE 489

Em todo tratamento analítico surge, sem ação do médico, uma intensa relação afetiva entre paciente e analista que não pode ser explicada pela situação real.

— Sigmund Freud, *A questão da análise leiga* (1926).

PG 76004, seção "Iv", parágrafo técnico 501, frase 2.

FRASE 490

Desse modo, a transferência se transforma da arma mais forte da resistência no melhor instrumento do tratamento analítico.

— Sigmund Freud, *A questão da análise leiga* (1926).

PG 76004, seção "Iv", parágrafo técnico 502, frase 5.

CAPÍTULO 23

Perspectivas da psicanálise

Os textos finais mostram uma disciplina em busca de reconhecimento, aberta a revisões e em diálogo com as ciências da cultura. O futuro aqui não é profecia: é o registro de uma controvérsia histórica ainda fértil.

FRASE 491

Nossa intenção foi apenas reconhecer os fatos tal como os encontramos no curso de pesquisas laboriosas.

— Sigmund Freud, *Conferências introdutórias à psicanálise* (1916–1917).

PG 75810, seção "First Lecture Introduction", parágrafo técnico 22, frase 2.

FRASE 492

Como ciência, a psicanálise se caracteriza pelos métodos com que trabalha, não pela matéria de que trata.

— Sigmund Freud, *Conferências introdutórias à psicanálise* (1916–1917).

PG 75810, seção "Twenty-Fourth Lecture Ordinary Nervousness", parágrafo técnico 711, frase 1.

FRASE 493

Os desenvolvimentos do passado não dão aos médicos direito algum de reivindicar o monopólio da psicanálise.

— Sigmund Freud, *A questão da análise leiga* (1926).

PG 76004, seção "Vii", parágrafo técnico 340, frase 1.

FRASE 494

Como psicologia das profundezas e doutrina do inconsciente, a psicanálise pode mostrar-se indispensável a todas as ciências que tratam do desenvolvimento da cultura humana e de suas grandes realizações, como a arte, a religião e a sociedade civilizada.

— Sigmund Freud, *A questão da análise leiga* (1926).

PG 76004, seção "Viii", parágrafo técnico 434, frase 1.

FRASE 495

A psicanálise já auxiliou de modo apreciável essas ciências na solução de seus problemas.

— Sigmund Freud, *A questão da análise leiga* (1926).

PG 76004, seção "Viii", parágrafo técnico 434, frase 2.

FRASE 496

Depois do contato mais breve com a psicanálise, a ciência alemã uniu-se em rejeitá-la.

— Sigmund Freud, *A questão da análise leiga* (1926).

PG 76004, seção "V", parágrafo técnico 510, frase 11.

FRASE 497

Na história da ciência, muitas vezes foi possível verificar que a própria afirmação que inicialmente despertou apenas oposição recebeu reconhecimento pouco depois, sem que fosse necessário apresentar novas provas.

— Sigmund Freud, *História do movimento psicanalítico* (1914).

PG 76298, seção "I", parágrafo técnico 41, frase 10.

FRASE 498

Os médicos de Zurique tornaram-se, por assim dizer, o núcleo do pequeno grupo que lutava pelo reconhecimento da psicanálise.

— Sigmund Freud, *História do movimento psicanalítico* (1914).

PG 76298, seção "Ii", parágrafo técnico 46, frase 6.

FRASE 499

O desenvolvimento da literatura periódica da psicanálise também merece uma breve menção.

— Sigmund Freud, *História do movimento psicanalítico* (1914).

PG 76298, seção "Iii", parágrafo técnico 84, frase 1.

A relatividade de todo o nosso conhecimento é uma consideração que pode ser usada como argumento contra qualquer outra ciência, além da psicanálise.

— Sigmund Freud, *História do movimento psicanalítico* (1914).

PG 76298, seção "Iii", parágrafo técnico 101, frase 4.

Conclusão

Estas 500 passagens não condensam Freud numa doutrina única. Elas mostram uma investigação que altera conceitos, corrige caminhos e deixa problemas em aberto. Sonhos, sintomas, sexualidade, cultura, arte, religião, memória e transferência aparecem como campos conectados, mas não intercambiáveis.

O valor desta edição está também no direito de conferência. Todo excerto pode ser reencontrado na edição-fonte indicada. Ler criticamente é conservar essa possibilidade: aproximar-se da formulação, recuperar o contexto e distinguir documento histórico de conhecimento atual.

♦

Fontes e critérios

Os números de parágrafo são localizadores técnicos desta edição: contam os parágrafos do corpo principal do arquivo-fonte depois da remoção do frontispício, do sumário, do índice e da licença do Project Gutenberg. O código PG e a frase dentro do parágrafo tornam a busca reprodutível mesmo quando a paginação varia.
As datas são as das obras de Freud, não necessariamente as das traduções históricas usadas como texto-base. As grafias e divisões de capítulos das edições-fonte podem diferir de edições críticas posteriores.

1. **Freud, Sigmund.** *Selected Papers on Hysteria and Other Psychoneuroses* (1893–1905). Edição-fonte: A. A. Brill. Project Gutenberg, e-book 75132.
gutenberg.org/ebooks/75132

2. **Freud, Sigmund.** *The Interpretation of Dreams* (1900). Edição-fonte: A. A. Brill. Project Gutenberg, e-book 66048.
gutenberg.org/ebooks/66048

3. **Freud, Sigmund.** *Psychopathology of Everyday Life* (1901). Edição-fonte: A. A. Brill. Project Gutenberg, e-book 67332.
gutenberg.org/ebooks/67332

4. **Freud, Sigmund.** *On Dreams* (1901). Edição-fonte: M. D. Eder. Project Gutenberg, e-book 75333.
gutenberg.org/ebooks/75333

5. **Freud, Sigmund.** *Three Contributions to the Theory of Sex* (1905). Edição-fonte: A. A. Brill. Project Gutenberg, e-book 14969.
gutenberg.org/ebooks/14969

6. **Freud, Sigmund.** *Wit and Its Relation to the Unconscious* (1905). Edição-fonte: A. A. Brill. Project Gutenberg, e-book 75915.
gutenberg.org/ebooks/75915

7. **Freud, Sigmund.** *Delusion and Dream* (1907). Edição-fonte: Helen M. Downey. Project Gutenberg, e-book 44917.
gutenberg.org/ebooks/44917

8. **Freud, Sigmund.** *Der Dichter und das Phantasieren* (1908). Edição-fonte: texto alemão. Project Gutenberg, e-book 28863.
gutenberg.org/ebooks/28863

9. **Freud, Sigmund.** *Leonardo da Vinci: A Psychosexual Study of an Infantile Reminiscence* (1910). Edição-fonte: A. A. Brill. Project Gutenberg, e-book 34300.
gutenberg.org/ebooks/34300

10. **Freud, Sigmund.** *Totem and Taboo* (1913). Edição-fonte: A. A. Brill. Project Gutenberg, e-book 41214.
gutenberg.org/ebooks/41214

11. **Freud, Sigmund.** *Der Moses des Michelangelo* (1914). Edição-fonte: texto alemão. Project Gutenberg, e-book 30762.
gutenberg.org/ebooks/30762

12. **Freud, Sigmund.** *The History of the Psychoanalytic Movement* (1914). Edição-fonte: A. A. Brill. Project Gutenberg, e-book 76298.
gutenberg.org/ebooks/76298

13. **Freud, Sigmund.** *Reflections on War and Death* (1915). Edição-fonte: A. A. Brill e Alfred B. Kuttner. Project Gutenberg, e-book 35875.
gutenberg.org/ebooks/35875

14. **Freud, Sigmund.** *Vergänglichkeit* (1916). Edição-fonte: texto alemão. Project Gutenberg, e-book 29514.
gutenberg.org/ebooks/29514

15. **Freud, Sigmund.** *Introductory Lectures on Psycho-Analysis* (1916–1917). Edição-fonte: Joan Riviere. Project Gutenberg, e-book 75810.
gutenberg.org/ebooks/75810

16. **Freud, Sigmund.** *Beyond the Pleasure Principle* (1920). Edição-fonte: C. J. M. Hubback. Project Gutenberg, e-book 76031.
gutenberg.org/ebooks/76031

17. **Freud, Sigmund.** *Group Psychology and the Analysis of the Ego* (1921). Edição-fonte: James Strachey. Project Gutenberg, e-book 35877.
gutenberg.org/ebooks/35877

18. **Freud, Sigmund.** *The Problem of Lay-Analyses* (1926). Edição-fonte: A. Paul Maerker-Branden e James Strachey. Project Gutenberg, e-book 76004.
gutenberg.org/ebooks/76004

19. **Freud, Sigmund.** *The Future of an Illusion* (1927). Edição-fonte: W. D. Robson-Scott. Project Gutenberg, e-book 76774. gutenberg.org/ebooks/76774

20. **Freud, Sigmund.** *Civilization and Its Discontents* (1930). Edição-fonte: Joan Riviere. Project Gutenberg, e-book 78221. gutenberg.org/ebooks/78221

Princípios de tradução

- ego, id e super-ego foram vertidos como eu, isso e supereu;

- instinct foi traduzido como pulsão quando designa o conceito metapsicológico e como instinto em usos comuns ou em citações de terceiros;

- repression foi vertido como repressão; suppression, quando pertinente, exigiria supressão;

- termos históricos potencialmente estigmatizantes foram preservados apenas quando indispensáveis à documentação e contextualizados nas notas de capítulo.

Sobre a edição

Deivede Eder Ferreira é psicanalista e escritor, com formação especializada em Psicanálise e Neuropsicologia. Sua trajetória reúne experiência clínica, produção acadêmica e dedicação à difusão do conhecimento sobre a mente e o comportamento humano. Em seus trabalhos, busca aproximar rigor teórico, prática clínica e linguagem acessível, contribuindo para ampliar o diálogo entre a Psicanálise e outros campos do conhecimento.

Nesta edição temática de textos de Sigmund Freud, a reconstrução editorial priorizou autenticidade, rastreabilidade, consistência terminológica e leitura crítica.

A documentação completa de fontes — incluindo o texto-base em inglês ou alemão, a tradução, o identificador, o hash e o localizador de cada passagem — integra o pacote editorial da obra.

www.ingramcontent.com/pod-product-compliance
Lightning Source LLC
Chambersburg PA
CBHW051305250726